Dr. Manfred Klinkhardt

Aquarium für Einsteiger

Inhalt

PFLANZEN

FISCHE

KINDER SPEZIAL

Vor dem Kauf erst richtig planen

Mit der Anschaffung eines Aquariums ergeben sich immer viele Fragen. So manches ist zu beachten, damit das neue Hobby von Anfang an richtig gelingt.

Ein Aquarium bietet uns die einzigartige Möglichkeit, die faszinierende Welt unter Wasser in den heimischen vier Wänden zu erleben.

Überlegungen vor dem Kauf

CHECKLISTE

Der tägliche Kurzcheck

- Haben sich irgendwo Wasserpfützen gebildet, die darauf schließen lassen, dass das Aquarium nicht mehr dicht ist?
- Zeigen die Fische normales Verhalten, sind möglicherweise Tiere im Aquarium verendet oder aus dem Becken herausgesprungen?
- Stimmt die Wassertemperatur?
- Funktioniert die technische Ausrüstung (Beleuchtung, Filterung, Heizung) einwandfrei?

Wer ein Aquarium einrichtet, übernimmt Verantwortung für Lebewesen, deren Wohlbefinden nur bei entsprechender Betreuung und Pflege gewährleistet ist. Am Beginn muss deshalb stets sorgfältig geprüft werden, ob alle notwendigen Voraussetzungen gegeben sind und wie das Aquarium sich mit den Lebensgewohnheiten und Interessen des künftigen Betreibers vereinbaren lässt.

Zeitlicher Aufwand

Für die Säuberung des Beckens (vgl. auch Seite 68/69), das Austauschen des Wassers (vgl. auch Seite 68/69) sowie das Zurückschneiden der Pflanzen (vgl. auch Seite 68/69) sollten Sie pro Woche durchschnittlich 1 bis 2 Stunden einplanen.

Zu den täglichen Aufgaben gehört die Fütterung der Fische sowie eine kurze Kontrolle des Beckens und der Funktionsfähigkeit der technischen Ausrüstung.

Finanzieller Aufwand

Die Kosten für Erwerb und Ausstattung eines Aquariums hängen stark von individuellen Wünschen ab. Am einfachsten lassen sich die Preise der Glasbecken über den Literpreis (Preis pro Liter Rauminhalt des Aquariums) miteinander vergleichen. Sonderanfertigungen sind jeweils um rund 0,10 bis 0,20 DM/l teurer. Bei Rahmenaquarien erhöht sich der Literpreis zusätzlich noch um 0,60 bis 0,80 DM. Hinzu kommen die Kosten für Ausgestaltung des Aquariums und Technik.

Wie teuer insgesamt – allerdings noch ohne Pflanzen und Fische – die übliche komplette Erstausstattung eines Aquariums kommt, ersehen Sie aus der folgenden Tabelle.

Richtpreisübersicht

Glasstärke	Preis pro Liter Aquariengröße
8 mm	0,45 bis 0,60 DM
10 mm	0,65 bis 0,85 DM
12 mm	0,80 bis 0,95 DM
15 mm	1,00 bis 1,30 DM

Anschaffungskosten

Aquariengröße	Komplettpreis mit Zubehör
60 bis 80 l	250 bis 350 DM
150 bis 200 l	500 bis 800 DM
300 bis 450 l	750 bis 1400 DM

Neben dem Anschaffungspreis müssen Sie natürlich auch die laufenden Kosten für Strom, Futter und Wasser berücksichtigen. Allerdings sind sie im Normalfall relativ gering und liegen etwa bei einem 100-Liter-Becken kaum über 20 DM monatlich.

TIPP **Kontrollieren Sie regelmäßig den Energieverbrauch des Aquariums, damit Sie vor unliebsamen Überraschungen bei der Jahresendabrechnung sicher sind.**

Sonstige Voraussetzungen

Vor der Anschaffung sollten Sie unbedingt die Belastbarkeit des Fußbodens am Aufstellungsort des Beckens erfragen. Das Aufstellgewicht des eingerichteten Aquariums ist nämlich viel höher, als sein Fassungsvermögen vermuten lässt, weil Bodengrund, Ausrüstung und Glas eine größere Dichte als Wasser haben. Das Gewicht eines voll eingerichteten 100-Liter-Beckens liegt beispielsweise bei etwa 140 bis 150 Kilogramm.

Informieren Sie auch Ihren Vermieter über Ihre Absicht. Im Regelfall wird er zwar nichts gegen das Aufstellen eines Beckens einzuwenden haben, dennoch ist es besser, vorher mit ihm zu sprechen.

WICHTIG

Überprüfen Sie unbedingt, ob Ihre Hausrats- und Haftpflichtversicherungen Schäden durch leck geschlagene Becken abdecken! Bei Mitgliedschaft in einigen Aquarienvereinen sind Sie oft auch gegen Aquarienbruch versichert.

Auch größere Aquarienanlagen lassen sich bei entsprechender Erfahrung mit einem vertretbaren zeitlichen Aufwand betreuen.

TIPP **Fragen Sie vor dem Kauf teurer technischer Ausrüstungen bei anderen Aquarianern, wer damit schon Erfahrungen gemacht hat. Teuer muss nicht immer besser sein.**

Die konkrete Planung

Jedes Aquarium ist eine Art Miniaturbiotop, in dem ähnliche Vorgänge stattfinden wie in der Natur. Im engen Aquarium finden manche dieser Prozesse aber nur teilweise und recht unvollkommen statt. Damit die Pflanzen trotzdem üppig gedeihen, das Wasser klar und die Fische gesund bleiben, muss der Aquarianer also mittels der Technik regulierend eingreifen. Welche Ausstattung dabei unverzichtbar ist, hängt primär von Art und Größe des geplanten Beckens ab.

Für Einsteiger ein Süßwasseraquarium

So verlockend die Farben- und Formenvielfalt der Meeresfische auch sein mag, ihre Haltung sollte erfahrenen Spezialisten vorbehalten bleiben. Für Anfänger ist das beheizte Süßwasseraquarium wesentlich besser geeignet. In solchen Anlagen können zahlreiche exotische Fisch- und Pflanzenarten gepflegt werden.

Attraktiv, jedoch kompliziert und vergleichsweise teuer: Meerwasseraquarien gelten als »hohe Schule« der Aquaristik und sind daher für Anfänger ungeeignet.

Vor- und Nachteile von Komplettpaketen

TIPP **Wenn möglich, lassen Sie sich bei der Auswahl der Erstausstattung von einem erfahrenen Aquarianer beraten.**

Im Handel werden oft Komplettpakete angeboten, die neben dem Aquarium vieles enthalten, was der Neueinsteiger angeblich braucht. Trotz des meist attraktiven Preises sollten Sie solche »Schnäppchen« genau prüfen, denn nicht selten sind einzelne Ausrüstungsteile überflüssig, von geringer Qualität oder sogar weitgehend unbrauchbar. Die Ausgaben für den Kauf des notwendigen Ersatzes übersteigen dann oft den vermeintlich gesparten Betrag.

Komplette Auarienanlagen mit passendem Unterbau und Lichtkasten können eine sinnvolle Anschaffung sein.

Erst die Bedarfsanalyse, dann der Kauf

Machen Sie vor dem Einkauf einen Entwurf der zukünftigen Aquarienanlage und planen Sie anhand dieser Projektskizze konkret den Bedarf. Viele Herstellerfirmen bieten ihren Kunden umfangreiche Produktinformationen mit den Leistungsdaten der Erzeugnisse. An Hand solcher Kataloge können Sie die infrage kommenden Geräte bereits vorher auswählen, die Preise vergleichen und schließlich Ihre Entscheidung treffen.

Welches Aquarium?

Der Handel bietet Aquarien in unterschiedlichen Größen, Formen und Bauweisen an, sodass mittlerweile kaum ein Wunsch unerfüllt bleiben muss. Durch passgenaue Sonderanfertigungen lässt sich die verfügbare Fläche am Aufstellungsort optimal ausnutzen. Obwohl geklebte Ganzglasaquarien heute anteilig dominieren, sind auch noch andere Beckenarten erhältlich. Vor allem die traditionellen Becken mit einem äußeren Rahmen aus Metall oder Kunststoff erfreuen sich anhaltender Beliebtheit. Beschädigte Scheiben können bei ihnen leichter ausgewechselt werden, außerdem sind die Kanten besser gegen Stöße geschützt.

TIPP **Man sollte darauf achten, dass die Form des Aquariums in die vorgesehenen Räumlichkeiten passt, also keinen Stilbruch zur übrigen Einrichtung darstellt.**

Die richtige Form

Die Form des Aquariums sollte den Bedürfnissen der gehaltenen Fischarten entgegenkommen. Während für bodennah lebende Fische, zum Beispiel viele Welse, ein verhältnismäßig flaches Becken ausreicht, finden hochflossige Arten, wie die beliebten Skalare, nur in entsprechend hohen Becken genügend Schwimmraum.

Moderne Klebstoffe auf Silikonkautschukbasis machen es möglich, selbst ungewöhnliche Formen anzufertigen, die vom herkömmlichen Aquariendesign stark abweichen. Von allzu verspielten Beckenformen ist jedoch abzuraten, denn solche Aquarien lassen sich oft schwer reinigen und die zusätzlichen Scheiben können, wenn sie im ungünstigen Winkel zueinander stehen, wie Spiegel wirken. Außerdem sind die Fische schlecht zu beobachten, wenn unterschiedliche Lichtbrechungsverhältnisse den Einblick in das Becken erschweren.

»Großmutters« Goldfischglocke, eine früher durchaus beliebte Aquarienform, ist selbstverständlich ebenfalls keine Alternative. Solche Becken werden noch vereinzelt vom Handel angeboten. Sie sind jedoch nicht nur unzeitgemäß, sondern auch eine Qual für die darin lebenden Fische.

TIPP **Optisch besonders gefällig wirken Aquarien, wenn sie etwa doppelt so lang wie hoch sind.**

Gute Glasqualität ist wichtig

Mindestens ebenso wichtig wie das Design eines Aquariums ist die einwandfreie Qualität aller Glasscheiben einschließlich der Bodenplatte. Das Glas muss über die gesamte Fläche hin absolut gleichmäßig und eben sein, damit man die Fische ohne Verzerrungen betrachten kann. Kleine Kratzer, ausgebrochene Kanten oder Lufteinschlüsse wirken nicht nur störend, sondern können sich unter Umständen sogar als »Sollbruchstellen« erweisen. Kunststoffbecken aus organischem Glas sind zwar weitgehend bruchsicher, dafür sind die relativ weichen Oberflächen der Scheiben sehr anfällig für Kratzer und können mit der Zeit blind werden.

Wichtig

Achten Sie beim Einkauf auf das Zeichen »Geprüfte Qualität«. Für solche Becken gewähren die Hersteller in der Regel mehrjährige Garantiefristen.

Die richtige Größe

Generell gilt: je größer und bewegungsaktiver die Fische sind, desto großzügiger sollte das Aquarium bemessen sein. Eine einfache Faustregel besagt, dass auf 5 l Aquarienwasser nicht mehr als ein fingerlanger Fisch kommen sollte. Leider gilt diese Regel nicht uneingeschränkt, denn natürlich muss auch die Art der Fische mit berücksichtigt werden. Während unverträgliche Arten selten in solchen Dichten zu halten sind, lassen sich friedliche Schwarmfische in vielen Fällen sogar in höheren Konzentrationen pflegen. Für den Anfang ist es jedoch immer ratsam, eher weniger als zu viele Fische in das Becken zu setzen.

Dank der Klebetechnik ist bei einem Aquarium kaum noch eine Form unmöglich.

Welcher Standort?

ACHTUNG
Trotz aller Vorsicht – kleinere Spritzer sind beim Wasserwechsel kaum zu vermeiden. Stellen Sie deshalb das Aquarium nicht in unmittelbare Nähe von empfindlichem Mobiliar und auf oder neben Teppiche.

Der Standort für das Aquarium muss sorgfältig ausgewählt werden, weil spätere »Umzüge« aufgrund des Gewichts und der Bruchgefahr immer ein erhebliches Risiko bedeuten. Stellen Sie es nach Möglichkeit in der Nähe Ihres Lieblingsplatzes auf, damit Sie das muntere Treiben der Fische ohne größere Verrenkungen vom Sessel aus beobachten können.

Da man heute fast ausnahmslos künstliche Lichtquellen für die Beleuchtung benutzt, sind selbst dunkle Zimmerecken als Standorte geeignet. Direkte Sonneneinstrahlung wirkt oft sogar störend, weil sie die Entwicklung von Algen fördert und außerdem Spiegeleffekte an der sonnenzugewandten Scheibe verursacht.

Das Aquarium muss gut zugänglich sein

Besonders wichtig ist auch ein freier Zugang zum Aquarium, damit sämtliche Kontroll- und Wartungsarbeiten jederzeit ohne größere Vorbereitungen oder Umbauten durchgeführt werden können.

Das Aquarium sollte sich harmonisch in den Wohnraum einfügen und möglichst in bequemer Sitzhaltung einzusehen sein.

Eine Schutzkontakt-Steckdose mit ausreichender Absicherung sollte sich in unmittelbarer Nähe befinden.

Wichtig
Viele Pflege- und Wartungsarbeiten werden beim Aquarium von oben ausgeführt. Über dem Becken muss also noch ausreichend Freiraum vorhanden sein.

Wo das Aquarium nicht stehen sollte

● Ungünstig ist das Aufstellen in schmalen Durchgängen, weil einerseits die Fische beunruhigt werden, wenn jemand vorbeigeht, und andererseits die Pflege des Beckens sowie das Säubern des Raumes etwas problematisch sein kann. So mancher Aquarienbruch passiert, weil Schrubber und Besen zu energisch geschwungen werden!
● Verhindern Sie unbedingt, dass Licht von hinten nach vorn durch das Becken fallen kann. Selbst der farbenprächtigste Fisch wirkt bei solcher Beleuchtung nur noch wie ein grauer Schatten. Daher ist auch die Fensterbank als Standort denkbar ungeeignet.
● Aquarien sollte man auch nicht unbedingt als Raumteiler einsetzen, weil hier die Beleuchtungsverhältnisse ebenfalls ungünstig sein können.

Achtung
Stellen Sie das Aquarium nie über der Heizung oder in der Nähe des Ofens auf, weil sich die Wassertemperatur sonst kaum regulieren lässt.

Ein stabiler Unterbau ist wichtig

Der Unterbau, auf dem das Aquarium steht, muss stabil gebaut sein, um das Gewicht sicher tragen zu können; in ihm lässt sich auch ein Teil des technischen Zubehörs sehr gut verstecken.
Auf wackelige alte Kommoden oder selbst gebaute Plattenmöbel sollten Sie besser verzichten. Sicherer ist es, auf die im Fachhandel angebotenen Unterbauschränke zurückzugreifen, die speziell für bestimmte Aquariengrößen angeboten werden.

Mit einem guten Unterbau sollte es auch möglich sein, eventuelle Unebenheiten des Fußbodens auszugleichen. Falls notwendig, muss die Oberfläche des Unterschrankes mit Hilfe eine Wasserwaage ausgerichtet werden.

Eine Zwischenlage reduziert Spannungen

Unter das Aquarium legt man eine Matte aus elastischem Material. Sie dämpft Bodenschwingungen und vermindert Spannungen im Glas der Grundplatte des Beckens.

Die Unterlage sollte nach Möglichkeit aus einem Stück gefertigt sein und an allen Seiten einige Millimeter unter der Grundplatte herausragen.

Ganz ohne Technik geht es nicht

Mit den Möglichkeiten moderner Technik lassen sich im Aquarium Lebensbedingungen herstellen, die den Verhältnissen in tropischen Gewässern weitgehend entsprechen.

Tropische Gewässer sind meist wärmer, saurer und »weicher« als unsere einheimischen Flüsse und Seen.

Der richtige Einsatz der Technik

TIPP **Manches aquaristische Zubehör gibt es inzwischen auch als Niedervolttechnik, bei der lebensgefährliche Stromschläge ausgeschlossen sind.**

Ohne ein gewisses Maß an technischer Ausstattung ist Aquaristik heute fast undenkbar. Im Handel wird neben den unterschiedlichsten Heizungs-, Beleuchtungs- und Filtereinrichtungen auch ein vielfältiges Sortiment an sonstigem Zubehör angeboten. Manches davon ist notwendig und hilfreich, anderes jedoch durchaus entbehrlich. Gerade dem Anfänger fällt es manchmal nicht leicht, das eine vom anderen zu trennen.

Wieviel Technik braucht man wirklich?

Erst technische Hilfsmittel machen es möglich, tropische Fische und Pflanzen unter unseren klimatischen Bedingungen im Aquarium zu halten.

Eine eindeutige Antwort ist kaum möglich, doch im Allgemeinen gilt der Leitsatz: so viel wie nötig und so wenig wie möglich. Die »Kunst« liegt in der sinnvollen Beschränkung. Zahllose Beispiele beweisen, dass Aquarien auch ohne übertriebenen technischen Aufwand in sehr gutem Zustand gehalten werden können.

Meist genügt eine gute Grundausstattung

In den meisten Fällen reicht es, wenn das Becken mit einer passenden Beleuchtung und Heizung sowie einem geeigneten Filter versehen wird. Auf kostspielige Zusatzeinrichtungen, die beispielsweise das Wachstum der Wasserpflanzen fördern oder bestimmte Wasserwerte automatisch kontrollieren, kann man in der Anfangsphase fast immer ohne weiteres verzichten.

TIPP **Verwenden Sie für die Stromversorgung der Aquarientechnik am besten eine Mehrfach-Steckdosenleiste mit eingebautem Schalter. So lässt sich die Anlage im Notfall schneller »stromlos« machen.**

Technische Geräte regelmäßig kontrollieren

Alle elektrischen Apparaturen und Ausrüstungen müssen in regelmäßigen Abständen kontrolliert werden, um Unfällen vorzubeugen. Besondere Gefahren gehen von Geräten und Kabeln aus, die im Becken oder über dem offenen Aquarium angebracht sind und bei einem Defekt in direkten Kontakt mit Wasser kommen. Geräte und Isolierungen sind auf ihre Dichtheit sowie auf Beschädigungen und versteckte Brüche hin zu prüfen.

ACHTUNG

Bevor Kinder im Becken hantieren, sollten Sie nach Möglichkeit immer die gesamte Anlage stromfrei machen, indem Sie die Sicherung herausschrauben oder den Netzstecker ziehen.

Längst nicht alles, was der Fachhandel an technischem Zubehör bietet, macht für den Anfänger wirklich Sinn.

Die Beleuchtung

TIPP **Beleuchtungsfehler im Aquarium lassen sich am ehesten vermeiden, wenn die eingesetzte Lichtquelle alle Wellenbereiche des sichtbaren Spektrums umfasst.**

Kaum ein Aquarium kommt ohne zusätzliche künstliche Beleuchtung aus. Dabei ist für die Pflanzen nicht nur die Lichtmenge von Bedeutung, sondern auch die Lichtqualität. In der Natur besiedeln sie stets nur solche Bereiche, in denen das Lichtangebot ihren Anforderungen genügt.

Bei der Lichtqualität kommt es auf die richtige Mischung an: Während rote Lichtanteile die Bildung des Blattgrüns *(Chlorophyll)* und das Längenwachstum begünstigen, fördert blaugrünes Licht die Zellteilung und das Dickenwachstum. Wird jedoch ausschließlich Rotlicht geboten, vergeilen die Pflanzen (das heißt, der Lichtmangel lässt sie aufschießen), reines blaugrünes Licht hingegen hemmt das Wachstum.

Leuchtstoffröhren

Leuchtstoffröhren sind wohl der gebräuchlichste Lampentyp in der Aquaristik. Sie verbrauchen wenig Strom und sind in zahlreichen Lichtfarben erhältlich. Durch parallele Anordnung verschiedener Röhren kann man das Licht »mischen« und auf spezielle Bedürfnisse mancher Pflanzen abstimmen. Besonders geeignet sind Leuchtstoffröhren, die ein dem Sonnenlicht ähnliches Spektrum mit verstärktem Rot- oder auch Blaulichtanteil aufweisen.

Leuchtstoffröhren, die violettes Licht abstrahlen und das Wachstum bei Landpflanzen steigern sollen, sind als alleinige Lichtquelle nicht zu empfehlen. Becken und Fische sehen bei dieser Beleuchtung zwar recht attraktiv aus, statt des Wachstums der Wasserpflanzen wird jedoch das bestimmter Algenarten gefördert. Man kann aber solche Röhren mit anderen Lichtfarben kombinieren. Besonders empfehlenswert sind die Lichtfarben 36, 39 sowie die große Palette der True-Lite-Leuchtstoffröhren.

TIPP **Da Leuchtstoffröhren ihr Licht rundherum abstrahlen, erreicht oft kaum die Hälfte davon die Wasseroberfläche. Reflektoren aus spiegelndem Material (etwa eine stärkere Aluminiumhaushaltsfolie) bündeln es und leiten es gezielt ins Becken – so lässt sich die Lichtausbeute ohne großen technischen Aufwand deutlich steigern.**

Wie viel Licht benötigt wird, hängt vom Pflanzenbestand und der Wasserhöhe ab. Bei 50 cm hohen Aquarien rechnet man etwa 1 Watt auf 2 l Beckenvolumen. Flache Becken brauchen entsprechend weniger, höhere etwas mehr Licht. Die Leuchtstoffröhren sollten immer so lang sein wie das Aquarium, damit die gesamte Fläche gleichmäßig ausgeleuchtet wird. Für 20 cm Beckenbreite ist dabei je 1 Leuchtstoffröhre vorzusehen. Im Zweifel besser geringfügig höhere Wattzahlen einplanen, weil die Lichtleistung der Röhren ohnehin schnell nachlässt. Leuchtstoffröhren sollten spätestens nach etwa 5000 Betriebsstunden ausgewechselt werden. Nach 6 Monaten Brenndauer hat sich die Lichtleistung annähernd halbiert.

Leuchtstoffröhren und Reflektoren (siehe Tipp) zur Lichtbündelung befinden sich üblicherweise in Lichtkästen, die das Aquarium wie ein Deckel verschließen. Je besser diese Abdeckung passt, desto weniger Wasser kann verdunsten.

Der Deckel des Lichtkastens lässt sich meist an einer oder mehreren Stellen öffnen, um das Füttern der Fische zu erleichtern. Diese Klappen sollten auch für Kinder zugänglich und einfach zu öffnen sein.

ACHTUNG

Der Absturz des Lichtkastens in das Aquarium kann einen Stromschlag verursachen.

Beleuchtungsbeispiele für Aquarien

Abmessungen des Aquariums			Leuchtstoffröhren	
Länge	Breite	Höhe	Anzahl	Leistung
60 cm	35 cm	35 cm	2	je 15 Watt
80 cm	45 cm	40 cm	2	je 20 Watt
100 cm	50 cm	50 cm	3	je 40 Watt
120 cm	60 cm	60 cm	4	je 60 Watt

Die richtige Beleuchtung des Aquariums ist eine wichtige Voraussetzung für ein ungestörtes Wachstum der Pflanzen und das Wohlbefinden der Fische.

HQL- und HQI-Lampen

WICHTIG
Die HQL- und HQI-Lampen benötigen eine Startzeit von einigen Minuten, um ihre volle Lichtleistung zu erreichen.

Mit den modernen Quecksilberdampf-Hochdruck- (HQL) und Halogenmetalldampflampen (HQI) stehen effektive Leuchtmittel zur Verfügung, die allerdings nicht ganz billig sind. Aufgrund ihrer hohen Lichtausbeute können diese Lampen aber in geringeren Wattzahlen eingesetzt werden und kosten deshalb im Betrieb deutlich weniger als andere Beleuchtungsarten. Die Lichtausbeute der HQL- und HQI-Lampen ist, verglichen mit der einer Glühlampe gleicher Wattzahl, etwa 4- bis 6-mal höher.

Während manche HQL-Lampen ein ungünstiges, vor allem das Algenwachstum förderndes Lichtspektrum besitzen, eignen sich HQI-Lampen im allgemeinen gut, speziell bei größeren Becken.

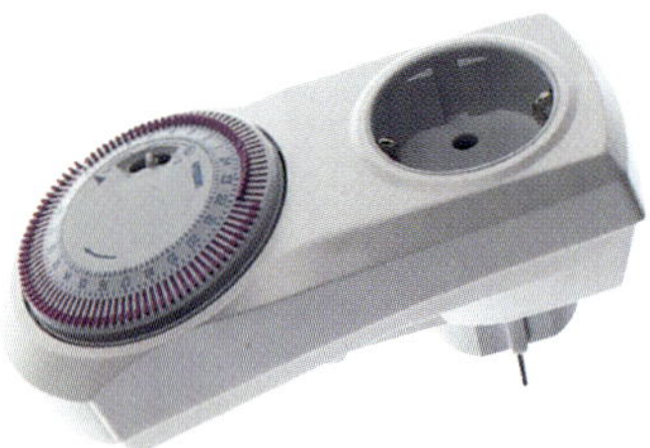

Bereits eine einfache Schaltuhr bringt viele Vorteile. Die tägliche Beleuchtungsdauer ist garantiert, plötzliche Verschiebungen im Hell-Dunkel-Rhythmus werden vermieden.

Die HQL- und HQI-Lampen werden gewöhnlich in pendelartigen Leuchten eingesetzt, die frei über dem offenen Aquarium hängen. Da beide Lampentypen Vorschaltgeräte benötigen, die zumeist im Lampenfuß untergebracht sind, lassen sich hierfür jedoch keine handelsüblichen Pendelleuchten verwenden, sondern nur speziell dafür angefertigte Lampen, die nicht immer zur Einrichtung Ihrer Wohnung passen. Die Pendelleuchten sollten in der Höhe verstellbar sein, damit sie den Betrachter des Aquariums nicht blenden.

Schaffen Sie sich bei schreckhaften Fischarten einen Dimmer an, um die Tiere nicht schlagartig dem vollen Licht auszusetzen. Da die Lichtleistung mancher Leuchtmittel sich nur mit hohem technischen Aufwand oder überhaupt nicht regulieren lässt, kann die Beleuchtung zusätzlich mit einer normalen Glühlampe kombiniert werden. Sie sollte aber nur beim morgendlichen Einschalten der Beleuchtung eingesetzt werden, muss also nicht den ganzen Tag über brennen.

WICHTIG
Wenn die Beleuchtung des Aquariums insgesamt zu schwach ist, lässt sich das durch längere Beleuchtungszeiten nicht ausgleichen.

Die Beleuchtungsdauer

Um den Pflanzen ausreichend Licht für das Wachstum zu bieten, müssen Sie das Aquarium täglich über eine Zeitspanne von mindestens 12 Stunden beleuchten. Dabei ist nur die Dauer der gesamten Beleuchtungszeit, nicht jedoch ihr Beginn von Bedeutung.

Abrupte Wechsel im gewohnten Hell-Dunkel-Rhythmus sind unbedingt zu vermeiden, da sie in den meisten Fällen die Pflanzen schädigen.

Während längere Beleuchtungszeiten im allgemeinen keine negativen Folgen für die Pflanzen haben, führt eine Verkürzung der Helligkeitsphase häufig zu Wachstumsstörungen.

Am einfachsten lässt sich die tägliche Beleuchtungsdauer mit einer elektronischen Schaltuhr einstellen, die im Handel schon für rund 20 DM erhältlich ist.

Die allzu lange und intensive Beleuchtung fördert leider auch die Entwicklung von Grünalgen im Aquarium. Sie lassen sich einfach und wirksam bekämpfen, wenn etwa zur »Halbzeit« der täglichen Beleuchtungsdauer eine 1- bis 2-stündige Dunkel-Pause eingelegt wird. Diese Unterbrechung der Hellphase wird von den Wasserpflanzen in der Regel problemlos verkraftet, während die Algen Schäden davontragen und nach einiger Zeit verschwinden.
Faustregel zur Berechnung der Leistung von HQI-Lampen: Ungefähr 2 Watt pro 1 Zentimeter Aquarienlänge (bei 50 cm Wassertiefe).

ACHTUNG

Verbrennungsgefahr! Manche Lampentypen werden im Betrieb sehr heiß. Außerdem können sie platzen, wenn Wassertropfen auf den heißen Glaskörper spritzen.

Ein offenes Aquarium kann das Raumklima vor allem in zentralbeheizten Räumen mit trockener Luft spürbar verbessern.

Die Heizung

Wichtig
Wenn der Heizer senkrecht montiert ist, kann der obere Teil bei geringem Wasserstand trockenfallen und durch auftretende Temperaturspannungen zerstört werden. Darum unbedingt vor jedem Wasserwechsel den Netzstecker ziehen!

Die meisten tropischen Gewässer sind den größten Teil des Jahres über wärmer als die mitteleuropäischen Bäche und Seen. Für die Pflege exotischer Fische und Pflanzen muss deshalb das Aquarienwasser entsprechend erwärmt werden. Viele dieser Arten fühlen sich bei Temperaturen um 25 °C am wohlsten. Obwohl sie vorübergehend häufig auch geringere oder höhere Werte ertragen können, sollte die Wassertemperatur annähernd in diesem Bereich bleiben. Temperaturen unter 20 und über 30 °C sind für die Mehrzahl der Arten kritisch und deshalb unbedingt zu vermeiden.

Abrupte Temperaturänderungen wirken besonders schädlich. Jeder unvermeidbare Wechsel der Temperatur muss langsam erfolgen und darf die Toleranzgrenzen der betroffenen Arten keinesfalls überschreiten.

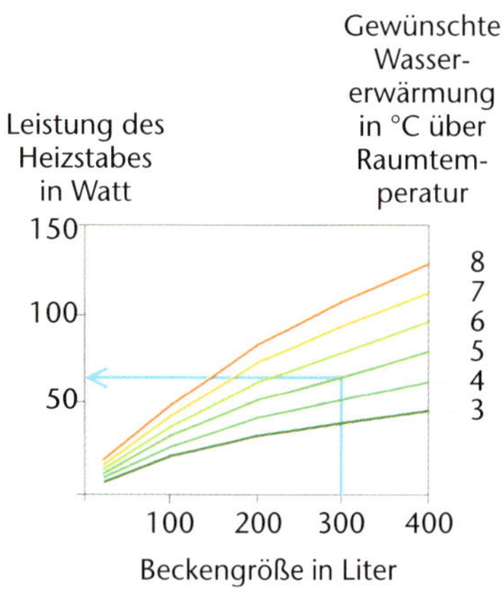

Literzahl des Aquariums auf der x-Achse wählen, von dort senkrecht nach oben gehen bis zur Kurve der gewünschten Erwärmung über die Raumtemperatur, dann vom Schnittpunkt aus waagerecht nach links gehen und die Wattzahl des Heizers an der y-Achse ablesen (Beispiel: Blauer Pfeil)

Der Stabheizer

Als Wärmequelle im Aquarium haben sich Heizstäbe, die in verschiedenen Leistungsabstufungen (Wattzahlen) im Handel erhältlich sind, bestens bewährt. Ihr Aufbau ist denkbar unkompliziert: ein elektrischer Widerstandsdraht, der in einer wasserdichten Hülse aus Glas, Metall oder Kunststoff steckt und zur besseren Wärmeverteilung von feinem Sand umgeben ist, heizt sich bei Stromzufuhr auf und gibt die Wärme an das Wasser ab.

Gute Heizstäbe sind regulierbar, sie kontrollieren die vorher eingestellte Temperatur durch eigene Temperaturwächter oder separate Thermostaten und schalten sich jeweils bedarfsgerecht ein oder aus. Mechanische Kontrollen auf Basis von Bimetallstreifen arbeiten dabei ebenso zuverlässig wie elektronische Systeme und sind oft deutlich preiswerter.

Befindet sich das Aquarium in einem immer annähernd gleich temperierten Raum, können Sie es auch mit einer ungeregelten Wärmequelle beheizen. Voraussetzung ist aber, dass die Leistung des Heizers zur Beckengröße und zur mittleren Raumtemperatur passt. Je nach Raumtemperatur sollte die Heizerleistung zwischen 0,2 und 0,3 Watt pro Liter Beckenvolumen liegen.

Heizstäbe mit Glasummantelung stellen immer ein Risiko dar, weil die Hülle durch mechanische Einflüsse oder Überhitzung zerstört werden kann und das Aquarium dann schlagartig unter Strom steht. Verwenden Sie nach Möglichkeit nur Heizstäbe, die sich auch völlig untergetaucht einsetzen lassen. Entsprechende Herstellerhinweise findet man auf den Heizstäben.

Wenn der Wasserspiegel zu stark sinkt (man nennt das trockenfallen), überhitzt sich der Heizer und kann platzen. Darum gibt es spezielle Heizer, die sich bei fallendem Wasserstand selbstständig abschalten.

Heizer, die außerhalb des Aquariums in einem Außenfilter untergebracht sind, haben einige Nachteile. Wenn die Wasserzirkulation unterbrochen ist, kann es unter Umständen zum Hitzestau im Filter kommen.

a – geregelter Heizer, unabhängig von der Raumtemperatur bleibt das Wasser im Aquarium immer gleich warm, b – ungeregelter Heizer, die Wassertemperatur folgt den Änderungen der Raumtemperatur

a

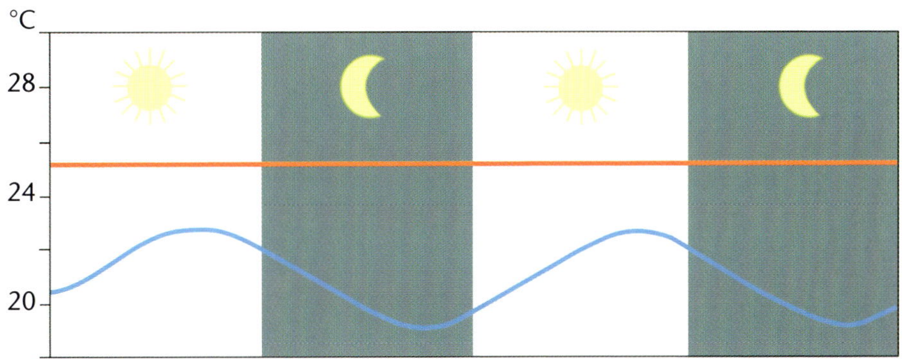

b

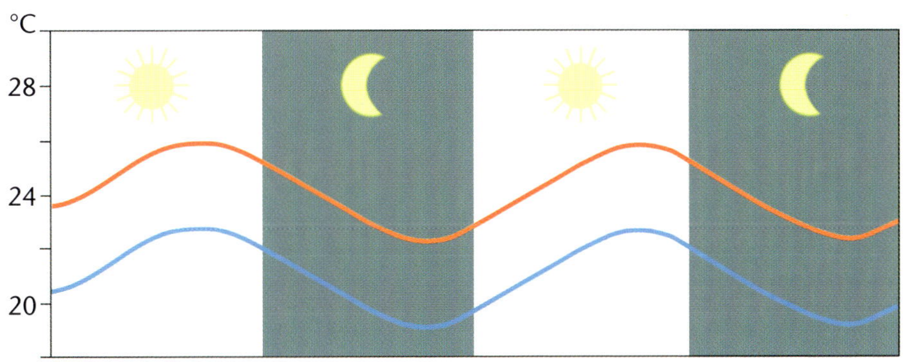

Wassertemperatur im Aquarium   Raumtemperatur

Die Bodenheizung

WICHTIG
Informieren Sie sich darüber, welche Temperaturen die Fische und Pflanzen in Ihrem Aquarium bevorzugen, und vergesellschaften Sie nur solche Arten, deren Temperaturansprüche zueinander passen.

Eine andere Art der Aquarienbeheizung stellen die so genannten Bodenfluter dar. Sie funktionieren wie eine Fußbodenheizung und müssen auf der Grundplatte des Aquariums fest angebracht werden, bevor man den Bodengrund einfüllt. Das flexible Bodenheizkabel wird mit Gummisaugern und Befestigungsschienen im Aquarium fixiert. Nach Einfüllen des Bodengrundes führt es dem Wasser von unten her Wärme zu. Moderne Bodenheizungen arbeiten im Niedervoltbereich zwischen 24 und 42 Volt und sind daher absolut gefahrlos zu betreiben.

Eine andere Methode der Wärmezufuhr ist die Kombination der Bodenheizung mit einem Stabheizer. Das Bodenkabel erwärmt sich hierbei nur sehr schwach, um Überhitzungen des Grundes und damit Schäden an den Wasserpflanzen zu verhindern. Der »normale« Heizstab dient als zusätzliche Wärmequelle und sorgt zugleich für eine bessere Wasserzirkulation im Aquarium.

Bodenfluter sollen besonders günstige Auswirkungen auf den Pflanzenwuchs und die Selbstreinigung des Aquariums haben.
Es gibt auch Bodenheizer, die man einfach wie eine Matte unter das Aquarium legt. Da Glas kein guter Wärmeleiter ist, wirken sie relativ schlecht. Die Anschaffungs- und Betriebskosten dieser Heizmatten liegen deutlich höher als bei den anderen Heizverfahren.

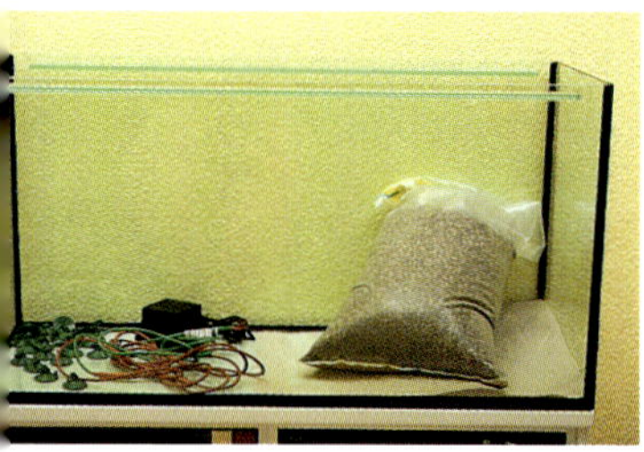

Vor der Installation einer Bodenheizung muss das Aquarium gründlich gereinigt werden.

Thermometer nicht vergessen

Zur Standardeinrichtung des Aquariums gehört ein Thermometer, das nach Möglichkeit ein Prüfzertifikat besitzen sollte, damit man sich auf die angezeigte Temperatur auch wirklich verlassen kann. Im Normalfall dürfte dabei Gradgenauigkeit völlig genügen.

Man sollte ein Thermometer auswählen, das sich möglichst leicht ablesen lässt. Bei den temperaturanzeigenden Klebefolien, die man heute häufig findet, ist das leider nicht immer der Fall. Da sie meistens außen am Aquarium anzubringen sind, entspricht der angezeigte Temperaturwert auch nur bedingt dem Wert des Wassers.

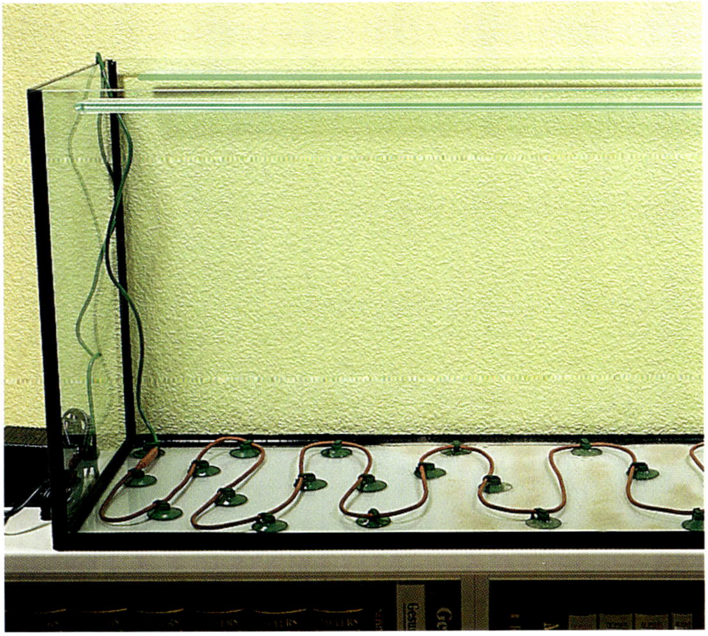

Das flexible Heizkabel muss in gleichmäßigen Abständen über die gesamte Bodenfläche verlegt werden.

Im groben Kies des Bodens lässt sich das Heizungskabel sehr gut verstecken.

Die Filterung

Wichtig
Es bringt wenig, kleine Aquarien mit überdimensionierten Filtern auszustatten, um das Wasser besonders gründlich zu reinigen. Der Schmutz kleiner Becken versorgt die Mikroorganismen im Biofilter nicht ausreichend, sie würden »verhungern«.

Durch das Futter sowie den Stoffwechsel der Tiere und Pflanzen gelangen ständig zahlreiche feste und gelöste Substanzen ins Wasser. Im Laufe der Zeit kann sich seine Qualität dadurch so stark verschlechtern, dass sie den Anforderungen der Fische nicht mehr genügt. Damit die Tiere nicht in ihren eigenen Ausscheidungen schwimmen, müssen letztere regelmäßig aus dem Wasser entfernt werden. Das geschieht mittels einer Filteranlage. Wirksame Filter können nicht nur Trüb- und Schwebstoffe aus dem Wasser entfernen, sondern auch nicht sichtbare, gelöste Substanzen.

Im Biofilter werden die stickstoffhaltigen Ausscheidungen der Fische stufenweise in Nitrat umgewandelt, das im Wasser verbleibt. Nitrat ist ein sehr wichtiger Dünger, den die Wasserpflanzen für ihr Wachstum benötigen. Ist zu wenig vorhanden, kümmern sie. Enthält das Wasser jedoch mehr, als sie aufnehmen können, kann die Nitratkonzentration nach und nach so stark ansteigen, dass die Fische geschädigt werden. Überschüssiges Nitrat und andere gelöste Substanzen sind deshalb regelmäßig durch einen Teilwasserwechsel aus dem Aquarium zu entfernen.

Manchmal besitzen Filteranlagen zusätzlich zum Biofilter noch Schichtungen, damit bestimmte Substanzen gezielt aus dem Wasser entfernt oder ihm hinzugefügt werden können. Durch Aktivkohleschichten lassen sich etwa störende Farbstoffe sowie einige chemische Stoffe (Medikamente) beseitigen.

Handelsübliche Filter erbringen heute meist mehrere Leistungen gleichzeitig:

- mechanische Entfernung grober Schmutzpartikel (»Mikrosieb«)
- Beseitigung gelöster Substanzen (»biologische Reinigung«)
- Anreicherung des Wassers mit Sauerstoff
- Umwälzung des Wassers und Bewegung der Oberfläche

TIPP
Die Beigabe von Torf oder Erlenzapfen ist für Fische aus leicht sauren Gewässern empfehlenswert. Sie säuern das Wasser an und setzen außerdem Huminsäuren frei, die viele schädliche Keime abtöten.

Die Wahl des geeigneten Filtertyps

Dafür sind Größe des Aquariums (Liter Wasser), Pflanzenbewuchs und Dichte des Fischbestandes maßgebend. Das Was-

Viele Gewässer in den tropischen Regionen enthalten nur wenige Schwebstoffe.

ser dicht bepflanzter Aquarien mit einer geringen Anzahl von Fischen braucht keine so starke Filterung wie das Wasser aus Becken mit lockerem Pflanzenwuchs und hohem Fischbesatz. Zur groben Orientierung für ein normal bepflanztes 100-Liter-Aquarium siehe die Tabelle:

Richtwerte für Auswahl des Filtertyps

Fischbesatz	Anzahl der Fische (etwa 5 cm lang) im Becken	Filtergröße (Volumen der Filterkammer in Liter)	Filterleistung (Umgewälztes Wasservolumen in Liter/Stunde
schwach	4 bis 5	0,5	50
normal	10 bis 12	1	100
stark	um 20	2	150

Die Leistung eines zu kleinen Filters lässt sich nur bis zu einem gewissen Grad durch ein größeres Umwälzvolumen erhöhen, denn dadurch entsteht eine starke Strömung im Aquarium, die nicht alle Fischarten mögen.

Biologische Filter entfernen zahlreiche schädliche Stoffe aus dem Wasser.

Filtertypen

Es gibt Innen- und Außenfilter. Innenfilter sind direkt im Aquarium untergebracht. Sie heizen das Wasser durch die Pumpenwärme zusätzlich, nehmen aber Platz im Becken weg und sind manchmal nicht leicht zu reinigen.

Außenfilter brauchen etwas mehr Energie, lassen sich jedoch gut außerhalb des Aquariums verstecken. Ihre Schlauchverbindungen stellen ein gewisses Risiko dar, weil bei einem undichten Anschluss Wasser austreten kann. Für die Funktion ist die Art der Anbringung aller weitgehend ohne Belang.

Funktionsweise der Filter

Bei den meisten Filtern erfolgt die Wasserreinigung in voneinander getrennten Kammern. Materialien mit relativ geringer Porenweite (Schwämme, grobkörniger Kies oder Schichten aus faserigem Kunststoff) halten zuerst den Schmutz wie ein Sieb zurück. Da sich diese Materialien im Laufe der Zeit mit Schmutzpartikeln zusetzen, müssen sie regelmäßig gereinigt werden. Dazu spült man sie kurz unter fließendem Wasser und drückt sie dann aus.

Nach der »mechanischen« Filterkammer durchströmt das Wasser den »biologischen« Teil des Filters. Mittels bestimmter Bakterien und Pilze werden dort die gelösten Substanzen in ungefährliche Verbindungen umgewandelt oder vollständig aus dem Wasser entfernt. Die Mikroorganismen benötigen ein festes Substrat, um sich anzusiedeln und zu vermehren. Die biologische Reinigungsleistung eines Filters hängt also entscheidend von der Größe der inneren Oberfläche ab: je größer sie ist, desto mehr Mikroorganismen siedeln sich an und desto wirksamer arbeitet der Filter. Deshalb schafft man mittels Füllkörpern aus Plastikmaterialien, die bei entsprechender Formgebung sehr große Oberflächen und ein geringes Gewicht haben, große Besiedlungsflächen.

Da die Mikroorganismen eine gewisse Zeit zum »Anwachsen« brauchen, erreichen Biofilter ihre volle Leistung oft erst nach einigen Wochen. Nach und nach können sich dann jedoch so viele Mikroorganismen entwickeln, dass der Filter regelrecht zuwächst.

Wichtig

Biologische Filter müssen ständig in Betrieb bleiben und dürfen auch nicht über Nacht abgeschaltet werden. Schon kurze Ausfälle schädigen die Mikroorganismen, verringern die Wirksamkeit der Filterung und können sogar zur Bildung toxischer Stoffe führen.

Größte Vorsicht bei der Reinigung

Das Filtermaterial von Biofiltern darf man nur kurz ausspülen, um nicht alle Bakterien und Pilze zu entfernen. Auf gar keinen Fall dürfen Sie zur Reinigung der Filtermaterialien heißes Wasser oder chemische Mittel verwenden, weil sonst alle Mikroorganismen abgetötet werden und es entsprechend lange dauern kann, bis der Filter wieder die volle Leistung bringt. Außerdem können bereits kleinste Rückstände von Chemikalien schwere Schäden bei den Pflanzen und Tieren im Aquarium hervorrufen.

TIPP **Bringen Sie vor der Reinigung des Biofilters einige Flocken mit Mikroorganismen in eine wassergefüllte flache Schale. Nach der Reinigung können Sie dann das Filtermaterial mit diesen Flocken »beimpfen«, um die volle Leistung schnell wieder zu erreichen.**

Die Pumpen

Zur Wasserbewegung werden in den Filtern heute hauptsächlich Umwälzpumpen verwendet, weil sie wartungsarm sind und relativ leise arbeiten. Obwohl sie in der Regel einen guten Wirkungsgrad haben, also bei relativ geringem Stromverbrauch eine hohe Leistung bringen, tragen sie wesentlich zu den Energiekosten des Aquariums bei.

Verbrauch und Kosten verschiedener Pumpen

Pumpenleistung (Watt)	Fördermenge (Liter/Stunde)	Stromverbrauch (Kilowattstunden/Jahr)	Stromkosten (DM/Jahr)
5	300	44	12
10	600	88	24
10	1000	175	48

Nach Möglichkeit sollte man sich für eine Pumpe mit geringem Förderdruck und hoher Fördermenge entscheiden, da sie im Verhältnis relativ wenig Energie verbraucht. Dem Wasser im Pumpenkreis darf bei diesem Typ jedoch kein allzu großer Widerstand entgegengesetzt werden, weil die Fördermenge sonst stark abnimmt. Die Verbindungsschläuche sollten niemals länger als nötig und ihr Querschnitt möglichst groß sein. Verbindungsstücke und Knickstellen, die den Innendurchmesser reduzieren, sind zu vermeiden. So sollten Sie beim Verbinden zweier Schläuche das Verbindungsstück nicht hinein stecken, sondern außen auf die Schlauchenden schieben, damit keine verengte Stelle entsteht.

ACHTUNG
Veränderte Geräusche, erhöhte Temperaturen oder verringerte Leistungen der Pumpe weisen häufig auf Defekte oder Verstopfungen im Pumpenkreislauf hin. Unbedingt kontrollieren!

Das Wasser – Lebenselement der Fische

Jedes Wasser – gleichgültig welcher Herkunft – besitzt eine eigene Charakteristik, die sich durch den Gehalt an unterschiedlichen Inhaltsstoffen ergibt.

Wasser ist nicht gleich Wasser. Die Fische und Pflanzen haben jeweils bestimmte Anforderungen an die Wasserqualität ihres Lebensraumes.

Wichtige Wasserparameter

Die Wässer der einzelnen Bäche, Flüsse, Tümpel und Seen der Welt unterscheiden sich voneinander. Manchmal sind diese Unterschiede bereits zu sehen, zu schmecken, zu riechen oder zu fühlen. Allerdings sind solche Beschreibungen zu subjektiv und damit nur wenig aussagekräftig. Doch es gibt Merkmale, mit denen man die Eigenschaften des Wassers ganz eindeutig darlegen kann. Jeder Aquarianer sollte zumindest wissen, was diese Parameter bedeuten und er sollte die grundlegenden Zusammenhänge zwischen den Tieren und Pflanzen und ihrem Lebensraum, dem Wasser, verstehen.

WICHTIG
Gerade bei der Wasserchemie muss der Grundsatz gelten: Wer nicht genau weiß, was er tun und wie er es tun kann, sollte lieber die Finger davon lassen!

Was Fische und Pflanzen brauchen

Wie alle Lebewesen stellen auch Fische und Pflanzen bestimmte Anforderungen an die Umwelt, in der sie ständig leben. Dabei toleriert jede Tier- und jede Pflanzenart kleinere Abweichungen von den Vorzugsbedingungen. Das ist notwendig, weil sich sehr viele Gewässer im Laufe der Jahreszeiten sowie der Trocken- und Regenperioden oder zwischen Tag und Nacht ganz erheblich verändern können. Überschreiten die Abweichungen jedoch eine bestimmte Grenze, kann das Wohlbefinden der Arten so stark gestört werden, dass Krankheiten auftreten oder es sogar zum Tod kommt. Der Aquarianer hat also immer zwei Möglichkeiten: entweder wählt er die Fische und Pflanzen passend zum Wasser aus oder er muss das Wasser den Bedürfnissen dieser Arten anpassen.

TIPP
Protokollieren Sie alle gemessenen Wasserparameter mit Datum, damit Sie langzeitige Veränderungen und negative Entwicklungen besser erkennen können.

Technische Hilfsmittel

Der Fachhandel bietet zahlreiche Hilfsmittel an, mit denen wichtige Wasserparameter gemessen und eingestellt werden können. Längst nicht alle davon sind so unentbehrlich, wie einen der Handel zum Teil glauben machen möchte. Viele Wasserparameter, die für Fische und Pflanzen möglicherweise gefährlich werden könnten, lassen sich oft mit recht einfachen Mitteln beeinflussen. Schon der regelmäßige Teilwasserwechsel trägt entscheidend dazu bei, gefahrbringende Entwicklungen im Vorfeld abzuwenden.

Die Vielfalt der tropischen Gewässer spiegelt sich nur zu einem sehr geringen Teil in unseren heimischen Aquarien wider.

Die Wasserhärte

Beim Versickern löst das Regenwasser Salze aus dem Boden. Diese Salze, zu denen vor allem Kalzium- und Magnesiumsalze gehören, nennt man auch Härtebildner, weil sie dem Wasser eine bestimmte Härte geben. Je mehr Härtebildner das Wasser enthält, desto härter ist es; weicheres Wasser enthält hingegen nur wenige Härtebildner.

TIPP **Statt sich die relativ kostspieligen Entsalzungsanlagen nur für ein Aquarium anzuschaffen, mischen Sie hartes Wasser mit weichem Regen- oder Quellwasser (das Regenwasser darf nicht aus Gebieten mit starker Luftverschmutzung stammen!) – das ist billiger.**

Die Gesamthärte

Sie setzt sich aus der Summe der Einzelhärten der verschiedenen Salze zusammen. Im deutschsprachigen Raum hat sich der Begriff »Deutscher Grad« (°d) als Maß für die Wasserhärte eingebürgert, das sich auch nach Einführung der modernen SI-Einheiten hartnäckig hält. 1 Grad deutscher Härte entspricht dabei 10 mg CaO/ Liter Wasser (alle Härtebildner werden jeweils in CaO-Einheiten umgerechnet).

Gewässer und Leitungswasser können, je nach ihrer geographischen Lage, unterschiedliche Gesamthärten aufweisen. In bergigen Regionen mit mineralischem Untergrund findet man oft sehr weiches Wasser (1 bis 4 °d), im Flachland hingegen eher mittelhartes bis hartes Wasser (9 bis 30 °d), In Gebieten mit Kalk-, Gips- oder Dolomitböden werden vereinzelt sogar extreme Härten von bis zu 100 °d erreicht.

Der Härtegrad des Wassers beeinflusst lebenswichtige Funktionen der Fische. Fragen Sie den Fachhändler vor dem Einkauf, bei welchen Werten er die Fische hält. Grobe Richtlinien in Bezug auf die Herkunftsgewässer der Fische enthält auch die untenstehende Tabelle.

Verschiedene Härtegrade natürlicher Gewässer

Bezeichnung	Härtegrad	Beispiele
weich	0 bis 10 °d	Mehrzahl der Fließgewässer in den Tropen
mittelhart	10 bis 20 °d	Große Afrikanische Seen, einige mittelamerikanische Gewässer
hart	20 bis 30 °d	Gewässer in Regionen mit kalkhaltigem Boden, Karstgebiete
sehr hart	über 30 °d	abflusslose Gewässer mit starker Verdunstung (zum Beispiel einige Seen in Mittelamerika)

Die Karbonathärte

Neben der Gesamthärte wird oft noch die Karbonathärte KH (auch Säurebindungsvermögen genannt) angegeben. Sie wird durch alle basisch wirkenden Substanzen erzeugt, die im Wasser gelöst sind. Da es sich dabei in vielen Gewässern nahezu ausschließlich um Hydrogenkarbonat und Karbonat handelt, könnte man die Karbonathärte sozusagen als Maß für die im Wasser enthaltene Kohlensäure betrachten. Die Karbonathärte ist für die Festlegung des pH-Wertes von großer Bedeutung. Gewässer mit hoher Karbonathärte haben eine große Pufferkapazität, das heißt, sie können Veränderungen im Verhältnis von Säuren und Basen weitgehend auffangen und so den pH-Wert stabilisieren.

Die Karbonathärte nennt man auch temporäre Härte, weil sie sich durch Abkochen des Wassers verringern lässt. Dabei werden Karbonate in schwerlösliche Verbindungen umgewandelt, die sich als Kesselstein im Kochgefäß ablagern. Kalzium- und Magnesiumsalze, die wesentlich zur Gesamthärte beitragen, bleiben davon jedoch unbeeinflusst. Sie heißen darum auch permanente Härte.

Die Anschaffung solcher kospieligen Entsalzungsanlagen lohnt sich für ein einzelnes Auqarium kaum. Billiger ist es, wenn Sie hartes Wasser mit weichem Regen- oder Quellwasser mischen.

WICHTIG

Sie können den Härtegrad Ihres Leitungswassers und mögliche Schwankungen beim örtlichen Wasserwerk erfragen. Trotzdem von Zeit zu Zeit prüfen, da sich die Werte im Leitungsnetz durch verschiedene Einflüsse verändern können.

Verändern der Wasserhärte

Das Aufhärten des Wassers mit Kalkwasser oder Kalkreaktoren ist für Anfänger nicht ratsam. Eine einfache Methode ist das Mischen mit härterem Wasser oder Filtern über einige kleine Marmorstücke (kontrollieren!).

Zu hartes Wasser lässt sich durch dosiertes Zumischen von weichem Wasser auf den gewünschten Wert einstellen. Dazu muss ein Teil des zu harten Wassers durch technische Hilfsmittel (zum Beispiel Ionenaustauscher, Umkehr-Osmose -Anlagen) teilweise oder vollständig vom Salz befreit werden.

In Regionen mit geringer Luftverschmutzung kann man weiches Regenwasser auffangen und mit zu hartem Leitungswasser mischen.

Mittlere Werte des Regenwassers in Mitteleuropa

pH-Wert	Gesamthärte	Nitrat
5,0 bis 6,8 °d	0,6 bis 1,8 °d	10 bis 25 mg/l

Der pH-Wert

WICHTIG
Im Süßwasseraquarium sollten stets pH-Werte zwischen 6 und 7,5 herrschen, sofern Sie keine Fische mit besonderen pH-Ansprüchen halten.

Dieser wichtige Wert gibt den Säuregrad des Wassers an. Die Wassermoleküle (H_2O) zerfallen in positive Wasserstoffionen (H^+) – Säuren – und negative Hydroxidionen (OH^-) – Basen. Je nachdem, wie hoch der Wasserstoff- oder Hydroxidionengehalt ist, reagiert das Wasser also sauer oder basisch. Reines Wasser enthält beide Ionenarten im Verhältnis 1:1, man nennt das auch neutral. In 1 l Wasser ist dann genau ein zehnmillionstel Gramm an H^+-Ionen gelöst (10^{-7} g/l). Der pH-Wert 7 kennzeichnet immer den Neutralpunkt. Je geringer der pH-Wert, desto saurer das Wasser, je höher, desto basischer oder »alkalischer« ist es.

Das Wasser kann aber auch durch verschiedene gelöste Stoffe »sauer« oder »basisch« reagieren. Wird etwa Kohlensäure aus der Luft im Wasser gelöst, sinkt der pH-Wert rasch auf unter 7. Andererseits kann er auf über 7 ansteigen, wenn sich Kalk aus dem Boden im Wasser auflöst.

INFO
Durch die Lebensfunktionen der Fische und Pflanzen verändert sich der pH-Wert des Wassers im Laufe der Zeit. Die Ausscheidungen der Tiere machen es saurer, die Aktivität der Pflanzen hingegen basischer.

Fische brauchen bestimmten pH-Wert

Fische können nur in einem begrenzten pH-Bereich leben. Werden die zulässigen Werte über- oder unterschritten, kann es zu schweren Haut- und Kiemenschäden kommen, die bei längerer Einwirkung sogar zum Tod des Tieres führen. Der pH-Wert des Leitungswassers ist nahe dem Neutralpunkt und somit für die meisten Fisch- und Pflanzenarten gut geeignet. Die Herkunftsgewässer der Aquarienfische haben unterschiedliche pH-Werte, wie die folgende Tabelle zeigt.

ACHTUNG
Der pH-Wert ist ein logarithmischer Wert, das heißt, er ändert sich von einer Einheit zur anderen um das 10-fache! Wasser ist bei pH 6 also 10 mal, bei pH 5 sogar 100 mal saurer als am Neutralpunkt pH 7.

pH-Werte der Herkunftsgewässer

Gewässertyp	übliche pH-Werte	wichtige Fischgruppen
Mittelamerikanische Flüsse und Seen	um 7 (6,5 bis 7,5)	Lebendgebärende Zahnkarpfen (zum Beispiel Guppy)
Gewässer Südostasiens	um 7	Labyrinthfische, Karpfenfische (zum Beispiel Barben)
Ostafrikanische Seen	alkalisch (7,5 bis 9)	Tanganjika- und Malawi-Buntbarsche
Tropengewässer Asiens, Westafrikas und Südamerikas	sauer 4,5 bis 7	Salmler, Welse, Buntbarsche

Messungen des pH-Wertes
Dazu taucht man Teststäbchen ins Wasser, die durch Farbveränderung den Wert anzeigen. Das ist billig, jedoch nicht allzu genau. Elektronische Messelektroden gibt es heute schon in Kugelschreibergröße. Wasser mit hoher Karbonathärte hat eine große Pufferkapazität, die den pH-Wert lange konstant hält, wenn Säuren oder Basen ins Wasser gegeben werden. Ist die Pufferkapazität erschöpft, kann der aktuelle Wert plötzlich in den entgegengesetzten pH-Bereich umschlagen. Anfängern sei deshalb von derartigen Versuchen abgeraten. Sicherer ist es, erfahrene Aquarianer um Unterstützung zu bitten.

INFO Der Ausdruck pH ist die Abkürzung des lateinischen Begriffes *potentia hydrogenii*, was sich mit ›Exponent des Wasserstoffs‹ übersetzen lässt.

Einfache Art der Regulierung des pH-Wertes

Erhöhung des pH-Wertes	Verringerung des pH-Wertes
Becken intensiv belüften, um überschüssiges CO_2 (»Kohlensäure«)auszutreiben, teilweiser Wasserwechsel	Filterung über Torf (dazu eine Torfschicht in die Filterkammer einbringen), Düngung mit einem CO_2-Diffusor, teilweiser Wasserwechsel

Von Zeit zu Zeit muss man den pH-Wert kontrollieren, um auftretende Veränderungen rechtzeitig zu erkennen.

Der Sauerstoff

Ein großer Teil des Sauerstoffs, der im Wasser gelöst ist, stammt aus der Luft. Je höher der Anteil an Sauerstoff in der Luft über dem Wasser ist, desto mehr O_2 ist auch stabil im Wasser gelöst. Mit steigender Temperatur und abnehmendem Druck verringert sich die Löslichkeit des Sauerstoffs im Wasser.

Löslichkeit von Sauerstoff im Wasser

O_2-Anteil in der Luft (%)	Löslichkeit (in mg/l) bei 0 °C	bei 10 °C	bei 20 °C	bei 30 °C
20,99	14,5	11,1	8.9	7,2

ACHTUNG
Der Sauerstoffgehalt des Wassers darf auch in der Nacht niemals unter 4 mg/l absinken, da sonst die Fische schwere Schäden davontragen können.

Eine andere wichtige Sauerstoffquelle sind die Wasserpflanzen und Algen, die im Zuge der Photosynthese O_2 freisetzen. Dieser Vorgang ist lichtabhängig. Bei Dunkelheit sind die Pflanzen nicht in der Lage, Sauerstoff zu produzieren, sondern verbrauchen selbst einen Teil des vorhandenen Atemgases. Darum müssen vor allem üppig bepflanzte Aquarien nachts sehr intensiv belüftet werden, damit kein bedrohlicher O_2-Mangel auftritt.

Durch die Belüftung wird das Wasser ständig umgewälzt, sodass in allen Wasserschichten ausgeglichene Sauerstoffverhältnisse herrschen. Egal, ob das Wasser durch die Umwälzpumpe des Filters oder durch eine feinperlige Belüftung bewegt wird – auch direkt über dem Boden muss jederzeit ausreichend O_2 vorhanden sein.

Der Sauerstoffgehalt lässt sich mit elektronischen Messgeräten oder auf chemischem Wege bestimmen. Die Geräte sind jedoch vergleichsweise teuer und lohnen sich kaum, wenn das Aquarium gut bepflanzt, ausreichend beleuchtet und nicht übermäßig mit Fischen besetzt ist. Wird das Wasser zusätzlich »belüftet« oder umgewälzt, ist es praktisch ausgeschlossen, dass irgendwann zu wenig Sauerstoff vorhanden ist.

Vor allem Fische brauchen Sauerstoff

Die Fische müssen zum Leben unbedingt ausreichend Sauerstoff zur Verfügung haben.

Man sollte jedoch nicht übersehen, dass die einzelnen Fischarten recht unterschiedliche O_2-Bedürfnisse haben. Während Fische aus trüben und warmen Tümpeln häufig vergleichsweise wenig Sauerstoff brauchen, sind Tiere aus sauerstoffreichen Bächen wesentlich anspruchsvoller. Wenn Sie solche Arten im Aquarium gemeinsam pflegen, muss sich das O_2-Angebot selbstverständlich nach der empfindlichsten Art richten. Zu beachten ist außerdem, dass sich die Ansprüche mancher Arten zu bestimmten Zeiten, zum Beispiel während des Laichens, verändern können. Falls das Sauerstoffangebot im Wasser nicht genügt, zeigen die Fische ein auffällig verändertes Verhalten: die Atemfrequenz der Kiemendeckel erhöht sich merklich. Bei starkem O_2-Mangel hängen alle Fische unmittelbar unter der Wasseroberfläche und schnappen nach Luft. Solches Verhalten ist ein außerordentlich ernstes Alarmsignal! Die Belüftung muss dann sofort verstärkt und zusätzlich ein teilweiser Wasserwechsel vorgenommen werden.

Auch die Mikroorganismen im biologischen Filter brauchen viel Sauerstoff. Stark verschmutztes Wasser ist ein regelrechter O_2-Fresser.

Ein Wasserfall durchmischt das Wasser und sorgt für gute Sauerstoffverhältnisse. Solche Gewässer sind meist sehr reich an Fischen.

Die Leitfähigkeit des Wassers

TIPP **Aus der Leitfähigkeit lässt sich näherungsweise die Gesamthärte des Wassers errechnen. Dabei entsprechen 30µS/cm etwa 1°GH.**

Die elektrische Leitfähigkeit ist ein Maß für den Elektrolytgehalt des Wassers. Darunter versteht man alle chemischen Stoffe, die im Wasser in elektrisch geladene Teilchen zerfallen und den Strom leiten. In der Hauptsache ist also der Gehalt an Salzen, Säuren und Basen für die Leitfähigkeit des Wassers verantwortlich.

Wasser mit schwachem Elektrolytgehalt besitzt eine geringe Leitfähigkeit und dafür einen hohen Widerstand. Bei Wasser mit starkem Elektrolytgehalt sind die Verhältnisse logischerweise umgekehrt: die Leitfähigkeit ist hoch, der Widerstand gering.

Die Leitfähigkeit wird in µS/cm (Mikrosiemens/cm) oder mS/cm (Millisiemens/cm) angegeben (1000 µS = 1 mS).

Im Bereich des Süßwassers ermöglichen die Angaben zur Leitfähigkeit auch, gewisse Rückschlüsse auf den Härtegrad des Wassers zu ziehen, wie man aus der nachfolgende Tabelle ersehen kann:

Zusammenhang Leitfähigkeit/Wasserhärte

Leitfähigkeit	Elektrolytgehalt	Härte
unter 50 µS/cm	salzarm	sehr weich
50 bis 250 µS/cm	gering salzhaltig	weich
250 bis 500 µS/cm	salzhaltig	mittelhart
500 bis 1500 µS/cm	stark salzhaltig	hart

TIPP **Fische und Pflanzen aus einheimischen Nachzuchten sind meist wesentlich besser an unsere Wasserbedingungen angepasst als vor Ort in den Tropen gezüchtete Fische.**

Bergbäche und -seen über Urgestein sowie manche tropischen Gewässer besitzen oft eine extrem niedrige Leitfähigkeit. Hingegen weisen viele Gewässer im Flachland und kalkreiches Süßwasser deutlich höhere Elektrolytgehalte auf. Die höchsten Werte werden naturgemäß im Meerwasser gemessen, weil dort auch die höchsten Salzgehalte vorhanden sind.

Die Messung der Leitfähigkeit ist methodisch sehr einfach und daher bei vielen Aquarianern recht beliebt. Die Aussagekraft ist jedoch relativ begrenzt, weil der gemessene Wert auf der Summe aller vorhandenen Ladungsträger im Wasser beruht. Im Regelfall dominieren dabei zwar die Karbonat- und

Die natürliche Heimat der beliebten Neonsalmler sind kleine Bäche mit weichem und leicht saurem Wasser.

die Nichtkarbonathärte, doch andere gelöste Verbindungen können das Ergebnis ebenfalls beeinflussen. Die Anschaffung eines Messgerätes ist nur dann empfehlenswert, wenn Sie entsprechend empfindliche Fischarten im Aquarium pflegen oder züchten und regelmäßig die Bedingungen kontrollieren müssen.

Die Leitfähigkeit zahlreicher tropischer Gewässer liegt oft unter 100 µS/cm, die vergleichbaren Werte des Leitungswassers in Mitteleuropa hingegen nicht selten deutlich über 500 µS/cm. Die meisten Fischarten kommen mit diesen Bedingungen sehr gut zurecht, lediglich bei hochempfindlichen Arten aus Weichwasser sowie einigen Wasserpflanzen kann es gelegentlich Probleme geben. In solchen Fällen sollte man das Leitungswasser mit weicherem oder teilentsalztem Wasser mischen. Ein vorsichtiges Mischen mit destilliertem Wasser ist ebenfalls möglich, wenn der Anteil des vollentsalzten Wassers nicht zu groß wird.

Verwenden Sie nie allein destilliertes Wasser für Ihr Aquarium – es kann bei Fischen und Pflanzen schwere Schädigungen hervorrufen.

Stickstoffverbindungen

WICHTIG
Außer dem Stoffwechsel der Fische können auch verfaulende Futterreste, Fischkadaver oder abgestorbene Pflanzen wichtige Ursachen für Stickstoffverbindungen im Wasser sein, daher müssen sie entfernt werden.

Fische und Pflanzen entnehmen dem Wasser bestimmte Substanzen wie Salze und gelöste Gase und fügen durch ihre Ausscheidungen andere hinzu. Besonders wichtig sind dabei die stickstoffhaltigen Verbindungen Ammonium/Ammoniak, Nitrit und Nitrat. Der Gehalt an Stickstoffverbindungen ist ein Gradmesser für die Verschmutzung des Wassers.

Eiweiß – und was daraus entsteht

Ein erheblicher Teil der Stickstoffverbindungen gelangt durch das Futter ins Wasser, denn Stickstoff ist eine wesentliche Komponente im Eiweiß (Protein). Proteine sind für Fische lebenswichtig. Sie sind unverzichtbare Bausteine für ihr Wachstum und können auch als Energiequelle dienen.

Bei der Verdauung des Proteins fällt viel Stickstoff an, der in Form von Ammoniak ausgeschieden wird. Ammoniak ist ein sehr starkes Fischgift, das bereits in Konzentrationen von weniger als 1/1000 g/l Aquarienwasser tödlich wirkt. Das Ammoniak wird im Wasser jedoch sofort in Ammonium-Ionen umgewandelt, die in geringen Mengen nahezu ungefährlich sind. Ammoniak und Ammonium stehen in enger Beziehung zueinander. Durch hohe pH-Werte wird Ammonium wieder in für die Fische giftiges Ammoniak umgewandelt. Bei pH 8 liegen 4%, bei pH 9 annähernd 25% und bei pH 10 sogar mehr als 75% als freies Ammoniak vor!

Bestimmte Mikroorganismen können Ammonium abbauen, indem sie es über die Zwischenstufe Nitrit zu Nitrat oxidieren. Dieser Prozess (die Nitrifikation) findet im biologischen Teil des Filters statt. Da es sich um eine Oxydation handelt, muss dafür ausreichend Sauerstoff im Wasser vorhanden sein. Fehlt Sauerstoff, lässt die Nitrifikationsleistung des Biofilters entsprechend nach.

Sowohl Nitrit als auch Nitrat sind in geringen Konzentrationen ungefährlich. Sammeln sich jedoch zu viele dieser Verbindungen im Wasser an, kann das Wohlbefinden der Fische leiden. Manche Arten reagieren relativ empfindlich auf Nitrit und Nitrat, ihre Farben verblassen, sie schwimmen hektisch umher und ihre Anfälligkeit für Erkrankungen nimmt zu.

Hohe Belastungen mit Nitrat tragen zur »Überdüngung« der Gewässer bei. Die entstehenden Algenblüten haben viele negative Auswirkungen.

Ein Teil des Nitrats, das im Zuge der Nitrifikation entsteht, wird von den Wasserpflanzen als Nährstoff genutzt. Es kann aber nur vollständig aus dem Wasser entfernt werden, wenn entsprechend viele Pflanzen vorhanden sind. Mit der Zeit reichert es sich deshalb im Aquarienwasser an und muss in regelmäßigen Abständen durch einen teilweisen Wasserwechsel beseitigt werden.

Die Konzentration des Nitrats im Aquarienwasser sollte nie über 100 mg/l ansteigen. Im Handel sind Test-Kits erhältlich, mit denen sich die Konzentration der Stickstoffverbindungen feststellen lässt. Besonders einfach und preiswert sind Teststäbchen, die nur kurz ins Wasser getaucht werden müssen und durch Farbveränderung den Nitratgehalt anzeigen. Diese Methode ist zwar nicht allzu genau, reicht bei konsequent gepflegten Aquarien aber völlig aus. Zu berücksichtigen ist, dass in einigen ländlichen Gegenden mit intensiver Landwirtschaft die Nitratkonzentration im Trinkwasser manchmal etwas erhöht sein kann.

Jedes Aquarium ist wie ein kleiner Biotop. Auch hier laufen Prozesse ab, die wir aus der Natur kennen (ein Teil der dargestellten Abläufe findet aber nicht im Aquarium, sondern im Biofilter statt).

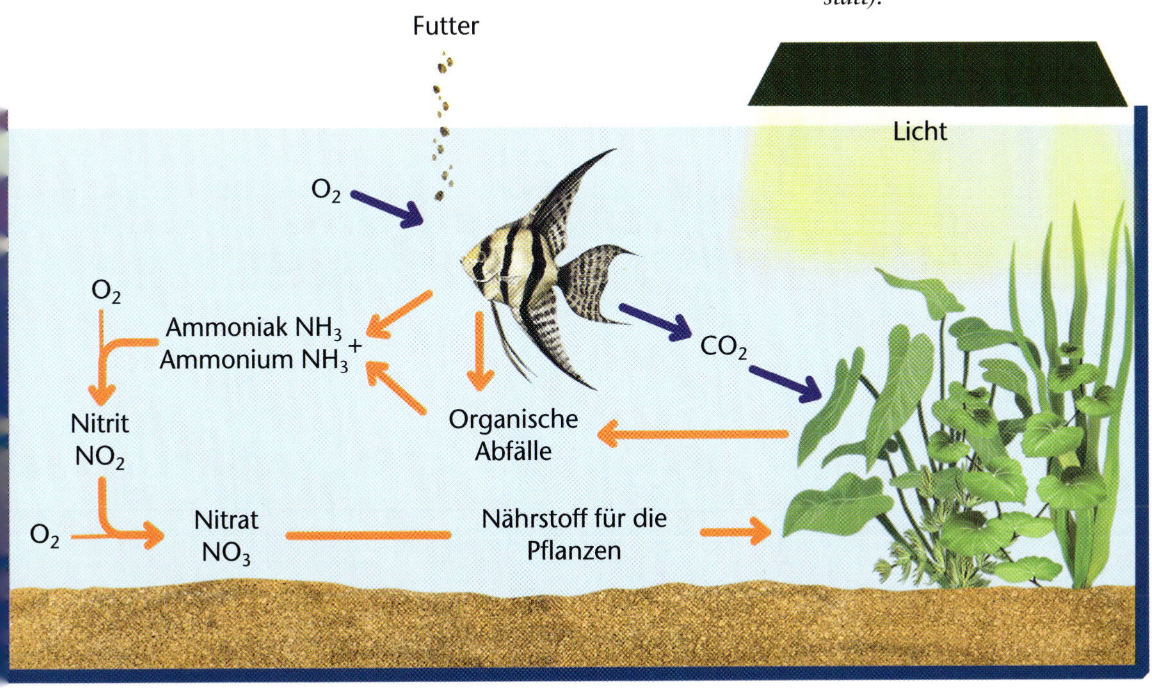

SPECIAL

Der Kreislauf der Atemgase

Im natürlichen Gewässer wie auch im Aquarium stehen die Atemgase Sauerstoff O_2 und Kohlendioxid CO_2 in einem kreislaufartigen Zusammenhang. Die Fische nehmen über die Kiemen Sauerstoff auf und geben CO_2 ab. Bei genügend Licht verwerten die Pflanzen das Kohlendioxid für ihre Photosynthese. Dabei entsteht Sauerstoff, den sie an das Wasser abgeben, wo ihn die Fische wiederum einatmen.

Dieser Kreislauf funktioniert allerdings nur reibungslos, wenn die Bepflanzung und der Fischbestand hinlänglich aufeinander abgestimmt sind. Bei starker Bepflanzung des Aquariums reicht die vorhandene CO_2-Menge oft nicht aus; sind hingegen zu viele Fische im Becken, fehlt bald der Sauerstoff. Auf den ersten Blick scheint dies zwar unproblematisch zu sein, denn durch Belüftung und Umwälzung des Wassers wird ja zusätzlich Sauerstoff eingetragen. Trotzdem kann es zeitweilig zu kritischen Situationen kommen, insbesondere, wenn das Wasser sehr stark verschmutzt ist.

Derartige Schwierigkeiten treten meist in den frühen Morgenstunden auf, da ja die Pflanzen in der Nacht ihren Stoffwechsel verändern: Bei Dunkelheit verbrauchen auch sie Sauerstoff, nicht nur die Fische. Während also der O_2-Bedarf nachts ansteigt, entsteht gleichzeitig ein Überangebot an CO_2. Häufig wird übersehen, dass gerade die Mikroorganismen des Biofilters sehr viel Sauerstoff für die Nitrifikation brauchen. Je stärker die Verschmutzung des Wassers, desto höher ist

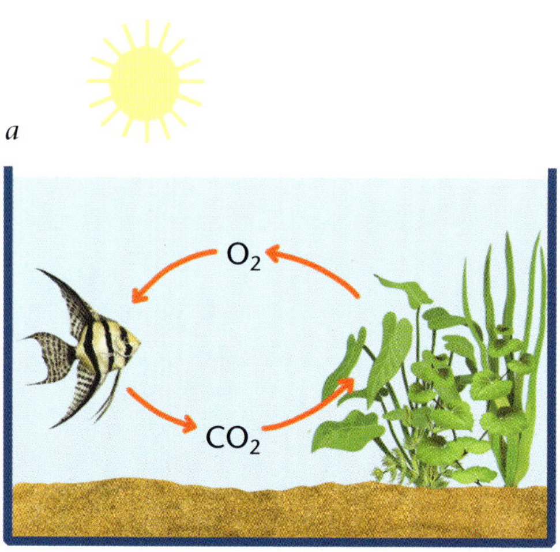

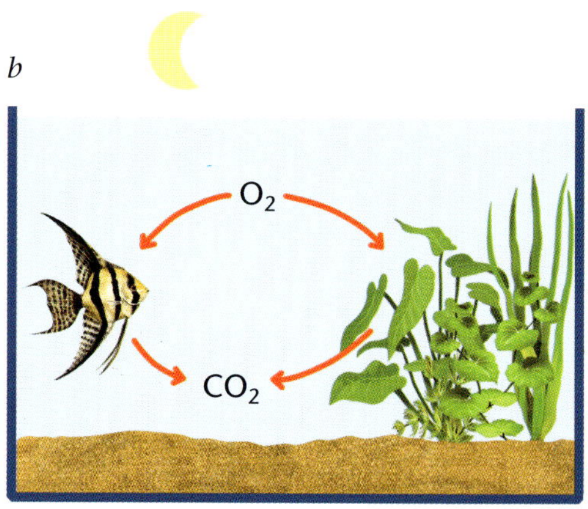

Zirkulation der Atemgase im Aquarium,
a – am Tage erzeugen die Pflanzen Sauerstoff und binden das ausgeatmete CO_2 der Fische,
b – in der Nacht verbrauchen sowohl Fische als auch Pflanzen Sauerstoff, es kann zu einer gefährlichen Ansammlung von CO_2 kommen.

Gerade schwach bepflanzte Aquarien müssen sehr intensiv belüftet werden, damit immer ausreichend Sauerstoff vorhanden ist.

auch die O_2-Zehrung der nitrifizierenden Bakterien. Erst wenn die Pflanzen mit einsetzen der Beleuchtung wieder Sauerstoff produzieren, wird das morgendliche Defizit nach und nach ausgeglichen.

Für den Aquarianer ergeben sich aus diesen Zusammenhängen vier wesentliche Schlussfolgerungen:

- Schwach bepflanzte oder stark mit Fischen besetzte Aquarien benötigen unbedingt zusätzliche Belüftung.
- In der Nacht muss das Wasser besonders gründlich umgewälzt und belüftet werden.
- Futterreste, tote Fische und abgestorbene Pflanzen sind unverzüglich aus dem Aquarium zu entfernen, regelmäßiger Teilwasserwechsel beugt auch dem Sauerstoffmangel vor.
- Sauerstoffmessungen sollten nach Möglichkeit immer einen Tagesgang erfassen. Es macht wenig Sinn, zur Zeit des höchsten O_2-Angebotes zu messen, wenn Stunden später ganz andere Verhältnisse herrschen.

Ein besonders kritischer Bereich für die Sauerstoffversorgung im Aquarium ist die Bodenschicht. Die Korngröße darf nicht zu klein gewählt werden, damit das Wasser überall gut zirkulieren kann.

In Extremsituationen, etwa an heißen Sommertagen, lässt sich einem Sauerstoffmangel im Aquarium vorbeugen, indem das Wasser zusätzlich mit einer einfachen und relativ preiswerten Membranpumpe belüftet wird.

Gegen zu wenig CO_2 hilft Düngung mit Kohlendioxid

Bei einem extrem stark bepflanzten Aquarium genügt das Kohlendioxidangebot häufig nicht, um alle Pflanzen ausreichend zu versorgen. Abhilfe kann hier eine Düngung mit Kohlendioxid schaffen, für die man allerdings spezielle Geräte (u. a. Druckflasche, Regelventil, Diffusor) benötigt. Es sei ausdrücklich darauf hingewiesen, dass dieser Aufwand für ein »normales« Aquarium nicht notwendig ist.

Einrichten, Warten und Pflegen des Beckens

Für die Einrichtung eines Aquariums sind sowohl die Bedürfnisse seiner Bewohner als auch der persönliche Geschmack des Aquarienbetreibers ausschlaggebend.

Die gekonnte Einrichtung verrät den Meister. Ein Aquarium wird erst zur Augenweide, wenn es die Bedürfnisse seiner Bewohner entsprechend berücksichtigt.

Die Einrichtung

TIPP **Anregungen für die Ausgestaltung des Aquariums erhalten Sie beim Spaziergang an einem naturbelassenen Bach oder See. Auch entsprechende Ausstellungen, Bildbände und Diavorträge können oft hilfreich sein.**

So vielgestaltig wie die natürlichen Gewässer kann auch die Einrichtung eines Aquariums sein. Trotzdem sollten dabei einige grundsätzliche Dinge beachtet werden, damit Fische und Pflanzen sich wirklich wohl fühlen. Denn nicht alles, was uns schön erscheint, gefällt auch den Bewohnern des Beckens.

Was brauchen die Aquarienbewohner?

Wie alle Lebewesen, stellen auch Fische und Pflanzen konkrete Anforderungen an ihre Umwelt. Die Pflanzen haben zum Beispiel bestimmte Ansprüche an Lichtverhältnisse und Nährstoffe sowie an ihren Standort, um ungestört wachsen zu können. Während die einen in dichten Gruppen bestens gedeihen, sollten andere unbedingt einzeln gepflanzt werden.

Fische sind zwar relativ anpassungsfähig, was die Ausgestaltung ihres Lebensraumes angeht. Typisches Verhalten und volle Farbenpracht zeigen sie aber nur, wenn das Aquarium annähernd artgerecht eingerichtet ist. Manche Arten brauchen sehr viel Schwimmraum, für andere sind eher gute Versteckmöglichkeiten wichtig. Es hat wenig Sinn, ein Becken für schwarmbildende Salmler mit vielen Höhlen zu dekorieren, weil die Fische sie ohnehin nicht nutzen werden. Für manche Cichlidenarten sind Verstecke jedoch wichtig.

WICHTIG
Es ist problemlos möglich, Pflanzen und Fische aus verschiedenen geographischen Herkunftsgebieten zu vergesellschaften, wenn ihre Ansprüche an die Umwelt annähernd vergleichbar sind.

Erst überlegen, dann kaufen

Wenn das Aquarium im Wohnbereich untergebracht ist, spielt der dekorative Aspekt bei der Einrichtung meist eine entscheidende Rolle. Trotzdem sollte bei der Auswahl der Dekorationsmaterialien sowie der Fische und Pflanzen nicht allein der persönliche Geschmack ausschlaggebend sein. Man kann sich viel an Enttäuschung und an Geld ersparen, wenn man die Kaufentscheidung gründlich vorbereitet. Beckeneinrichtung, Pflanzen und Fische müssen zueinander passen. Ein »umgepflügter« Boden, zerfetzte Pflanzen, verschreckt umherschwimmende Fische oder Tiere, die blass in einer Ecke des Aquariums hängen, sind fast immer ein erkennbares Zeichen für Fehler, die bei der Einrichtung gemacht wurden.

Die Einrichtung eines Aquariums muss nicht die realen Verhältnisse im Herkunftsgebiet der Fische kopieren, sie sollte sich jedoch daran orientieren.

Das besondere Aquarium

TIPP **Halten Sie ein kleines Aquarium in Reserve für den Fall, dass zum Beispiel Fische zeitweilig isoliert werden müssen. Ein kleines 30-Liter-Becken genügt dafür meist völlig.**

Fast jeder Neuaquarianer entscheidet sich am Anfang für ein so genanntes Gesellschaftsaquarium. In solchen Becken werden Fische und Pflanzen unabhängig von ihrer geographischen Herkunft gepflegt. Entscheidend für die Auswahl sind dabei vor allem ästhetische Gesichtspunkte. Besonders zu beachten sind vor allem:

- Raumbedarf (Größe des Aquariums)
- Anforderungen an die Wasserbeschaffenheit
- Temperaturansprüche
- Verträglichkeit

Es gibt jedoch auch noch andere Möglichkeiten, um ein Aquarium einzurichten. Sie ermöglichen nicht selten besonders interessante Einblicke in die Welt der Fische:

WICHTIG
Bei manchen Fischarten wie den Guppys, den Platys oder den Schwertträgern, bei denen qualifizierte Züchter häufig ein bestimmtes Zuchtziel anstreben, ist die isolierte Haltung zwingende Voraussetzung für die Vermehrung.

Das Artenaquarium

Erfahrene Aquarianer vergesellschaften häufig ausschließlich eng miteinander verwandte Arten oder pflegen sogar nur Tiere einer einzigen Art. Solche Becken haben den Vorteil, dass die Fische nicht durch andere Fischarten gestört werden und somit eher ihr arttypisches Verhalten zeigen. Einrichtung des Beckens und Haltungsbedingungen können voll und ganz auf diese eine Art hin ausgerichtet werden. In diesem Aquarium pflanzen sich auch schwierige Fischarten oft recht willig fort.

Das Biotopaquarium

In einem solchen Becken versucht man einen bestimmten Gewässertyp nachzuformen. Bepflanzung und Auswahl der Fische richten sich jeweils danach, ob ein Bach, ein Fluss, ein Uferbereich mit Schilf, eine Felsen- oder eine Sumpflandschaft gestaltet werden soll. Das setzt aber relativ gute Kenntnisse der entsprechenden Lebensräume voraus. Bei richtiger Einrichtung wirken solche Aquarien höchst eindrucksvoll und liefern dem Betrachter interessante Informationen, weil er das Verhalten der Fische gewissermaßen in ihrer »natürlichen Umwelt« beobachten kann.

INFO **Viele Pflanzen und Fische stammen inzwischen aus Nachzuchten und sind an unsere Wasserparameter besser angepasst als an die Werte im Ursprungsgebiet.**

Das »geographische« Aquarium

Im weiteren Sinne handelt es sich dabei um eine Art Biotopbecken, wobei mit dem Begriff Biotop hier eine bestimmte geographische Region gemeint ist. So kann man zum Beispiel ein Afrika-, ein Südostasien- oder ein Südamerikabecken einrichten. Die Aquarien sind nach einem charakteristischen Gewässer in diesen Regionen gestaltet, wobei manchmal sogar nur typische Pflanzen aus dem jeweiligen Gebiet eingesetzt werden.

WICHTIG

Da im Zucht- und Quarantänebecken Pflanzen meist fehlen, ist vor allem für ausreichende Wasserumwälzung und Belüftung zu sorgen.

Das Zucht- und Quarantäneaquarium

Diese Aquarien werden nur bei Bedarf verwendet und dienen nicht zur dauerhaften Haltung von Fischen. Sie sind dem Zweck entsprechend oft nur spärlich eingerichtet. Bodengrund und Bepflanzung fehlen meist, auch Dekorationsmaterial wird lediglich verwendet, wenn es unbedingt notwendig ist (Blickschutz für die Fische). So lassen sie sich besser reinigen oder desinfizieren. Die technische Ausstattung dieser Becken entspricht jedoch der eines normalen Aquariums.

Einige Arten der Labyrinthfische fühlen sich erst im Schutz eines Pflanzendickichts richtig wohl.

Die Erstreinigung

Selbst wenn das Aquarium vollkommen sauber erscheint: vor dem Einrichten muss es kontrolliert und gründlich gereinigt werden. Dabei ist größte Vorsicht geboten, damit die Glasscheiben nicht zerkratzt werden oder anderweitige Beschädigungen davontragen. Am besten verwendet man ausschließlich weiche, fusselfreie Tücher, Schwämme und Bürsten, die keine Gefahr für die sehr empfindlichen Oberflächen darstellen. Es ist empfehlenswert, diese Gerätschaften auch weiterhin für die Reinigung des Aquariums zu verwenden.

Verzichten Sie bei der Reinigung des Aquarieninnenraums unbedingt auf chemische Putzmittel, da sie häufig Zusätze zur Entspannung des Wassers, so genannte Detergentien, enthalten. Solche Substanzen sind bereits in äußerst geringen Konzentrationen wirksam und kleinste Spuren, die im Aquarium verbleiben, können schwere Schäden bei Fischen und Pflanzen verursachen.

Nur mit vollkommen sauberen Scheiben kommt das Aquarium richtig zur Geltung.

Kochsalz reinigt und desinfiziert

Ein sehr preiswertes und völlig gefahrloses Putzmittel für die Innenseiten der Scheiben ist einfaches Kochsalz, das in jedem Haushalt zu finden sein dürfte. Mit einem Lappen, auf den reichlich Salz gegeben wird, lassen sich die Scheiben gründlich und ohne Kratzspuren säubern. Die Methode ist übrigens auch zur Entfernung festsitzender Algenbeläge auf den Scheiben alter Aquarien recht geeignet.

Kochsalz hat eine desinfizierende Wirkung und tötet viele Keime verlässlich ab. Vor der Einrichtung müssen die Rückstände der Salzlösung allerdings wieder aus dem Becken entfernt werden. Schließlich soll das Aquarium ja Süßwasserfische aufnehmen und darf kein Salzwasser enthalten (deshalb die Reinigung mit Kochsalz niemals im eingerichteten Becken anwenden!). Mit einem Schwamm lassen sich auch kleinste Reste der Salzlösung aufsaugen. Es ist aber nicht gefährlich, wenn einige Tropfen im Becken verbleiben. Fast alle Süßwasserfische ertragen geringe Salzkonzentrationen im Wasser problemlos. Anders als die Detergentien, die auch bei starker Verdünnung noch sehr schädlich sind, wirken sich geringe Kochsalzmengen oft sogar günstig auf die Pflanzen und Tiere im Aquarium aus.

Wichtig

Bei groben Verschmutzungen, die sich nur mit Reinigungsmitteln entfernen lassen, müssen Sie das Aquarium vor Inbetriebnahme mehrfach gründlich mit Wasser ausspülen. Nach der Anwendung das Becken einige Tage stehen lassen, damit letzte Rückstände verdunsten können.

Fensterputzmittel für die Scheibenaußenseiten

Von außen kann man das Aquarium natürlich auch vorsichtig mit einem Fensterputzmittel reinigen. Auf diese Weise ist der dünne Schmutzfilm, der sich mit der Zeit unweigerlich auf den Scheiben bildet, am wirksamsten zu entfernen. Da viele Reinigungsmittel Alkohol und Salmiak enthalten, sollte man bei eingerichteten Aquarien vor dem Säubern der Scheiben die Belüftungspumpe außer Betrieb setzen. Ansonsten könnten die Substanzen mit der angesaugten Luft in das Aquarienwasser gelangen.

Einzelne Tropfen, die nach der Erstreinigung außen auf dem Aquarium verbleiben, können störende Wasserflecken bilden. Deshalb sollte man sie vor dem Trocknen mit einem Tuch entfernen.

Kalkkrusten an den Außenkanten alter Aquarien entfernt man mit einem mit Entkalker getränktem Papiertaschentuch.

Vor der Einrichtung muss das Wasser wieder vollständig aus dem Aquarium entfernt werden.

Gestaltung des Bodengrundes

WICHTIG
Quarzkies muss vor seiner Verwendung so lange mit sauberem Wasser durchgespült werden, bis das Wasser klar bleibt. Sonst könnte der Kies das Aquarienwasser trüben.

Der Bodengrund bietet den Pflanzen Halt, damit sie nicht von der Strömung fortgerissen werden. Anders als Landpflanzen decken jedoch nicht alle Wasserpflanzen ihren Nährstoffbedarf über die Wurzeln. Viele nehmen auch über die Blattoberflächen Nährsalze auf. Besonders deutlich ist das bei einigen Schwimmpflanzen erkennbar. Sie bilden »Wasserblätter« aus, die wie echte Wurzeln aussehen. Mit ihnen können sie die Nährstoffe aus dem Wasser gewinnen. Je feiner verzweigt und zartblättriger die Pflanze ist, desto bedeutungsloser sind häufig ihre Wurzeln bei der Nährstoffaufnahme.

Der Boden bei Ernährung über die Wurzeln

Wenn die Pflanzen ihren Nährstoffbedarf über Wurzeln decken, brauchen sie unbedingt eine mineralstoffreiche Bodenschicht. Sie wird immer zuerst in einer Dicke von 2 bis 3 cm in das Aquarium eingebracht. Eine dickere Schicht ist

Der Boden des Aquariums ist ein Gestaltungselement, dem auch wichtige biologische Funktionen zukommen.

nicht ratsam, weil sie die Wasserzirkulation im Boden behindert und sich bei O_2-Mangel leicht Fäulnisherde ausbilden. Der nährstoffreiche Boden wird anschließend mit einer durchgehenden Schicht aus grobkörnigem Quarzkies (Korngröße etwa 4 bis 5 mm) abgedeckt. Zwischen groben Kiessteinchen können sich mit der Zeit Futterreste und Schmutzpartikel ablagern. Beim Wasserwechsel müssen die Bodenbereiche deshalb gründlich abgesaugt werden.

Abschließend kommt auf die Kiesschicht noch eine dünne Deckschicht aus grobem Sand mit etwa 1 bis 2 mm Korngröße. Die Bodenschichten sollten möglichst nicht miteinander vermischt werden. Wenn Sie den feinen Kies nur stellenweise aufbringen, sodass an einigen Stellen noch die gröbere Schicht herausschaut, erhält der Boden ein naturnahes Aussehen. Wählen Sie möglichst dunkle Kiesfarben für den Aquariengrund, weil sehr viele Fische bei zu hellem Boden relativ blass bleiben.

ACHTUNG

Testen Sie vor der Verwendung, ob der Bodengrund Kalk enthält: Geben Sie einige Tropfen haushaltsublichen Entkalker (Kaffeemaschine!) auf den Boden; entwickelt sich dabei Schaum, ist Kalk vorhanden. Solche Böden sind für Aquarien ungeeignet!

Nährstoffaufnahme bei Aquarienpflanzen

über die Wurzeln	Mischtyp (beides)	über die Blattoberfläche
Cryptocoryne	Vallisneria	Cabomba
Echinodorus	Sagittaria	Elodea
Aponogeton	Bacopa	Limnophila
		Myriophyllum
		Schwimmpflanzen

TIPP

Handelsüblicher Kies wirkt im Aquarium manchmal recht eintönig. Wesentlich abwechslungsreicher ist Kies, der in Kiesgruben beim Aussieben anfällt. Vor dem Verwenden gründlich reinigen und prüfen, ob er nicht Kalk enthält.

Anlegen des Bodengrundes

Legen Sie den Bodengrund so an, dass er von vorn nach hinten leicht ansteigt. Dadurch entsteht der Eindruck einer Uferzone und die Fische lassen sich besser beobachten. Zudem erleichtert es die Reinigung, weil sich die Schmutzpartikel in den tiefer liegenden Senken sammeln.

Bei terrassenartig gestalteten Böden müssen die »Treppen« gut abgestützt werden, denn das hohe Eigengewicht bringt allzu gewagte Bauten manchmal zum Einsturz.

Für bodennah lebende Fische (zum Beispiel viele Welsarten) ist es empfehlenswert, eine Stelle des Bodens mit einer Sandinsel auszustatten. Wenn sie den Tieren auch noch Schutz bietet, wird sie sicher bald ihr Lieblingsplatz sein.

WICHTIG

Für das Aquarium sollten Sie grundsätzlich nur härtefreien Kies ohne scharfe Bruchkanten verwenden, um Verletzungen bei gründelnden Fischarten vorzubeugen.

Installation der Technik

ACHTUNG
Aquarien, die auf einem Ständer aus Metall stehen oder einen Metallrahmen haben, dürfen keinesfalls geerdet werden! Im Falle eines elektrischen Unfalls besteht sonst bei einer Berührung Lebensgefahr, weil der Strom durch den Körper abfließen kann.

Die Technik sollte möglichst so untergebracht sein, dass sie den optischen Gesamteindruck des Aquariums nicht übermäßig stört. Schläuche und Kabel, die schräg entlang der Scheiben verlegt sind, wirken unschön und behindern zudem die Reinigung des Beckens. Andererseits muss aber ein problemloser Zugang zum technischen Zubehör jederzeit möglich sein, damit man bei einer Störung oder Havarie schnell Abhilfe schaffen kann. Am einfachsten ist es, die Technik hinter Wurzeln und Steinen zu verstecken oder mit größeren Pflanzen zu tarnen. Auf gar keinen Fall sollte man sie im Boden oder unter großen Steindekorationen vergraben, weil das die Kontrolle und Wartung weitgehend unmöglich macht. Um sie auszutauschen müsste die gesamte Einrichtung umgebaut oder das Aquarium sogar vollständig ausgeräumt werden.

Der beste Platz für die technischen Geräte

Günstig ist es, den Heizstab in einer hinteren Ecke des Beckens anzubringen. Mit Gummisaugern lässt er sich problemlos an einer Scheibe befestigen. Wenn die Gummisauger nach einer gewissen Zeit aushärten, müssen sie ausgetauscht werden.

TIPP **Beschriften Sie die elektrischen Anschlüsse der Steckdosenleiste mit einem wasserfesten Stift, damit Sie nicht lange herumsuchen müssen, wenn ein Gerät abgeschaltet oder ausgetauscht werden soll.**

Den Innenfilter oder die Verbindungsschläuche zum Außenfilter bringt man am besten in der gegenüber liegenden hinteren Ecke unter. Auf diese Weise kann sich das zurückfließende Filterwasser sehr gut mit dem warmen Wasser im Aquarium vermischen.

Die Filter- und Luftschläuche sind oft etwas steif und lassen sich darum schwer verlegen. In solchen Fällen ist es ratsam, die widerspenstigen Schläuche an den vorgesehenen Knickstellen zu zerschneiden und mit passgenauen Winkel- und Abzweigstücken zu verbinden. Dabei sollte aber der Innenquerschnitt des Schlauches nicht zu stark reduziert werden, weil sich sonst die Fördermenge der Pumpe möglicherweise zu sehr verringert.

Das Kontrollthermometer montiert man am sinnvollsten in der Ecke, die der Heizungsecke diagonal gegenüberliegt. So ist gewährleistet, dass es die Temperatur des vermischten Wassers im Aquarium anzeigt.

Wichtig ist auch, das Thermometer so im Blickfeld zu befestigen, dass eine Kontrolle jederzeit ohne Schwierigkeiten und große Verrenkungen möglich ist.

Ein Schrank als »Technikversteck«

Ein Teil der Ausrüstung, wie beispielsweise der Außenfilter, die Schaltuhr oder einige Regler, muss außerhalb des Aquariums untergebracht werden. Wer einen entsprechenden Unterbau für sein Aquarium besitzt, kann die Geräte meist hinter einer Klappe verstecken. Ansonsten ist es empfehlenswert, einen passenden Schrank für die Technik zu beschaffen. Das Gewirr loser Kabel und Schläuche wirkt nicht gerade attraktiv – besser also, man gewöhnt sich schon zu Beginn an eine gewisse Ordnung.

Die Unterbauschränke mancher Aquarienhersteller sind bereits mit entsprechenden Schrankfächern ausgestattet, so dass sich die Technik mühelos und nahe beim Aquarium unterbringen lässt.

Das technische Zubehör sollte so im Aquarium untergebracht werden, dass es jederzeit problemlos kontrollierbar und leicht zugänglich ist.

Dekoration des Beckens

Wer mit offenen Augen durch die Natur geht, wird viele Anregungen erhalten, wie sich das Aquarium zweckentsprechend und optisch wirksam einrichten lässt. Jedoch nicht alles, was im Bach oder Tümpel reizvoll wirkt, kommt im Aquarium zur Geltung. Man braucht etwas Übung und Erfahrung, bis das Becken den eigenen Ansprüchen genügt.

Erfreulicherweise verunstalten immer weniger Aquarianer den Lebensraum der Fische mit versunkenen Plastikburgen, bizarren Schiffswracks und ähnlichem. Ebenso kitschig können aber auch natürliche Materialien wirken, wenn sie im Übermaß oder falsch verwendet werden. Gehäuse von Schnecken und Muscheln aus dem Meer etwa haben im Süßwasseraquarium nichts zu suchen.

Das Aquarium sollte keine Vitrine ersetzen, in der ungewöhnliche oder besonders geformte Objekte zur Schau gestellt werden. Am gefälligsten wirken als Dekoration einfache Materialien, wie sie auch in der Natur vorkommen.

Sorgfältig ausgewählte Pflanzen können die optische Wirkung der Fische noch unterstreichen.

Bei der Einrichtung des Beckens kann sich der Aquarianer an einem bestimmten Biotop orientieren oder einfach dem eigenen ästhetischen Empfinden folgen.

Geeignetes Dekorationsmaterial

TIPP **Wurzelholz hat manchmal einen starken Auftrieb. Es lässt sich am Boden halten, wenn es mit einer dünnen Angelschnur an schweren Steinen der Dekoration befestigt wird.**

Brauchbar sind vor allem solche Materialien, die auch im Biotop den Charakter eines Gewässers prägen, wie Steine, Kiesel oder Wurzeln. Tonröhren, Kokosnussschalen und Blumentopfscherben können ebenso dekorativ wirken, wenn sie geschickt platziert sind und sich harmonisch in das Gesamtbild einfügen.

Gesteine vulkanischen Ursprungs wie Granit und Basalt eignen sich für Aquarien besonders gut. Auch Glimmerschiefer und Gneise sind problemlos verwendbar. Sie geben manchmal sogar Spurenelemente an das Wasser ab, die sich günstig auf Fische und Pflanzen auswirken. Ungeeignet sind hingegen alle Gesteine mit metallische Einschlüssen, weil sie schädliche Metallverbindungen im Wasser freisetzen können. Ebenso unbrauchbar sind Kalksteine, weil sie das Wasser härten.

WICHTIG
Rückwände müssen im Aquarium immer so angebracht sein, dass die Fische nicht hinter die Wand geraten. Aus den engen Spalten können sie sich oft nicht mehr selbstständig befreien.

Wurzelholz wirkt sehr attraktiv und kann die Wasserchemie durch Abgabe bestimmter Substanzen positiv beeinflussen. Für einige Fischarten, zum Beispiel Saugwelse, die winzige Holzteilchen abraspeln und mit der Nahrung aufnehmen, scheint es sogar lebenswichtig zu sein.

Im Aquarium sollte stets nur gut ausgefaultes Holz zum Einsatz kommen. Wurzeln von Buchen und Eichen, die viele Jahre im Wasser gelegen haben, sind besonders zu empfehlen. Sie müssen aber vor ihrer Verwendung gründlich gereinigt und mehrmals ausgekocht werden. Sicherer und bequemer ist es, wenn Sie das Wurzelholz im Fachhandel kaufen.

Höhlen und Verstecke konstruieren

Steine ordnet man einzeln oder in kleinen Gruppen an, um Höhlen und Versteckmöglichkeiten zu schaffen. Beachten Sie dabei aber, dass einige Fischarten die Steine unterwühlen können und auf diese Weise schon so manchen »Felsen« ins Wanken gebracht haben.

TIPP **Eine Rückwand können Sie auch begrünen, indem Sie mit einer Angelschnur Pflanzen wie Schwarzwurzelfarn an der Wand »anbinden«.**

Höhlen und Verstecke sollten so angeordnet werden, dass Kontrollen ohne Schwierigkeiten möglich sind. Ihre Eingänge dürfen niemals zur Rückwand des Aquariums weisen. Sonst übersehen Sie möglicherweise kranke oder verendete Fische, die sich in die Höhle zurückgezogen haben.

Die Rückwand

Zur Dekoration des Aquariums gehört auch eine Rückwand. Es ist nicht schön, wenn die Tapete durch das Aquarium hindurch zu sehen ist. Im einfachsten Fall hilft bereits eine dunkle Wand aus Holz oder Pappe, die man hinter das Aquarium schiebt. Der Handel bietet auch eine große Auswahl an Fototapeten, die außen auf die Rückwand des Aquariums geklebt werden. Der sterile Reiz solcher gedruckten Unterwasserlandschaften ist natürlich eine Frage des persönlichen Geschmacks. Handwerklich begabte Aquarianer basteln besser einen etwa 5 bis 8 cm tiefen Kasten in Größe der Rückwand und gestalten darin mit trockenem Schilf, Wurzeln und Steinen die Uferregion eines Gewässers nach. Hinter das Aquarium gestellt, vermitteln solche Kästen den Eindruck großer räumlicher Tiefe.

Optisch besonders effektvoll wirken Rückwände, die direkt im Aquarium angebracht sind. Natürlich dürfen sie keine schädlichen Stoffe an das Wasser abgeben. Im Handel sind komplette Wände aus unterschiedlichen Materialien, meist Kunststoff oder Schiefer, erhältlich, die zum Beispiel Felsstrukturen täuschend echt nachempfinden. Werden solche Rückwände noch mit geeigneten Wasserpflanzen begrünt (dafür sind in den Wänden meist »Pflanzlöcher« vorgesehen), lassen sich verblüffende Wirkungen erzielen.

CHECKLISTE

Geeignetes Dekomaterial

- Steine
- Kiesel
- Wurzeln
- Tonröhren
- Kokosnussschalen
- Blumentopfscherben
- Granit
- Basalt
- Glimmerschiefer
- Gneise
- Wurzelholz
- Fototapete (für die Rückwand)

Der Gesamteindruck des Aquariums wird durch eine passende Hinterwand erst richtig abgerundet.

Wasser einfüllen, Funktionsprobe

ACHTUNG

Chlorhaltiges Leitungswasser darf nie direkt in das Aquarium gegeben werden. Füllen Sie es vorher für etwa 2 Tage in einen flachen Behälter mit großer Oberfläche, damit das Chlor entweichen kann. Intensive Belüftung beschleunigt den Vorgang.

Wenn alle Vorbereitungsarbeiten abgeschlossen sind, kann das Einfüllen des Wassers beginnen. Da gleichzeitig die Pflanzen eingesetzt werden, sollte das Wasser schon auf die vorgesehene Temperatur vorgewärmt sein (in der Regel etwa 20 bis 25 °C), um Kälteschäden bei den Pflanzen zu vermeiden.

- Gießen Sie das temperierte Wasser vorsichtig ins Becken, damit der Bodengrund nicht aufgewirbelt wird. Dazu decken Sie den Boden am besten mit einem großen Stück Packpapier ab oder stellen einen Porzellanteller darauf. Das Wasser füllen Sie dann mit einem Schlauch vorsichtig so über dem Teller ein, dass sich der Druck in alle Richtungen verteilen kann.
- Füllen Sie das Becken zunächst nur zu etwa einem Drittel und setzen Sie die kleinwüchsigen Pflanzen ein.
- Jetzt gießen Sie bis auf 2 Drittel der Aquarienhöhe Wasser hinzu, damit die restlichen Pflanzen in den Boden gebracht werden können.

TIPP

Setzen Sie zunächst nur einige weniger empfindliche Fische in das eingerichtete Aquarium. Erst wenn sie nach einigen Tagen keine Auffälligkeiten zeigen, sollten die anderen hinzukommen.

Geduld lohnt sich. Wenn alles »stimmt« und Sie mit dem Ergebnis zufrieden sind, können die Fische ins Wasser kommen.

● Nach der Bepflanzung füllen Sie das Becken vollständig. Achten Sie jetzt unbedingt auf mögliche undichte Stellen des Aquariums und der Schlauchverbindungen.

● Abschließend richten Sie die Pflanzen vorsichtig mit einem kleinen Stöckchen auf und gleichen alle Unebenheiten im Bodengrund aus, die durch die Bepflanzung sowie das Einfüllen des Wassers entstanden sind.

● Bei einigen Außenfiltertypen müssen vor Inbetriebnahme noch die letzten Luftblasen aus den Schlauchverbindungen entfernt werden. Befolgen Sie dabei die Hinweise in der Bedienungsanleitung.

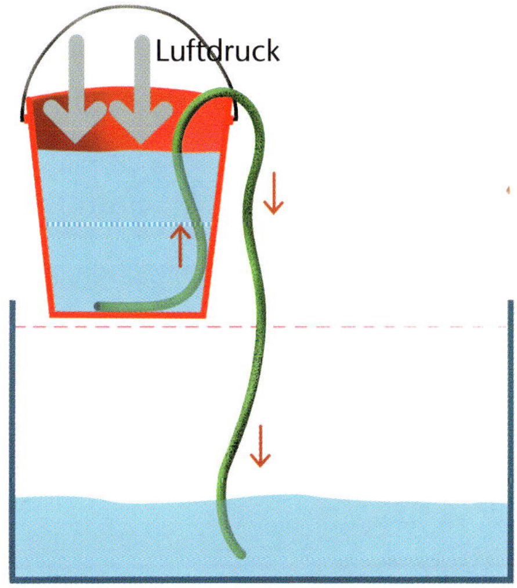

Man kann das Aquarium auch ohne Pumpe füllen: das Wasser fließt, solange das obere Gefäß über der Wasseroberfläche des Aquariums bleibt .

Das fertig eingerichtete und mit Wasser gefüllte Aquarium muss noch etwa 1 Woche »ruhen«, bevor Sie die Fische einsetzen können. In dieser Zeit wachsen die Pflanzen an und orientieren sich zum Licht hin. Erste Mikroorganismen siedeln sich im Filter an. Wenn das Wasser anfangs leicht milchig wirkt, ist das kein Grund zur Beunruhigung. Nach einigen Tagen verschwindet die Trübung von allein und das Wasser wird wieder klar.

Falls Sie mit dem optischen Eindruck des Aquariums nicht ganz zufrieden sind – noch ist Zeit, Bepflanzung und Dekoration zu verändern. Bedenken Sie aber, dass die Pflanzen noch wachsen und das Resultat sich erst nach einigen Wochen oder Monaten umfassend beurteilen lässt.

Auch die ordnungsgemäße Funktion und Einstellung des technischen Zubehörs muss erprobt werden. Beleuchtungszeiten, Heizung und Wasserumwälzung lassen sich in dieser Phase problemlos korrigieren. Ein Nebeneffekt solcher »Experimente« ist es, dass man so manches über die Folgen veränderter Einstellungen der Technik erfährt. Zu beachten ist auch, dass einige Wasserwerte anfangs relativ stark schwanken. Es dauert eine Zeit, bis sich die erwünschte Stabilität einstellt.

So lässt sich das Ansaugen des Wassers vermeiden:

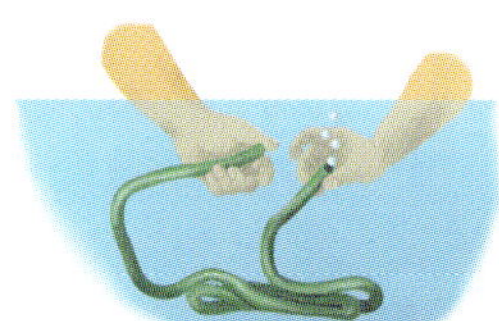

Schlauch ganz ins Wasser tauchen, bis alle Luftblasen vollständig entwichen sind,

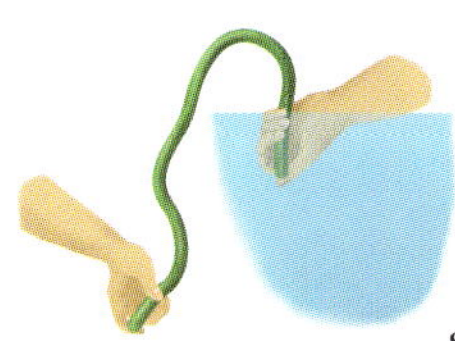

beide Öffnungen schließen

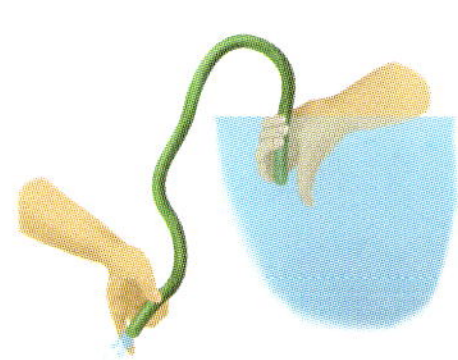

die Öffnung des Schlauchendes im höheren Gefäß immer zuerst freigeben.

Pflege und Wartung

TIPP **Bemühen Sie sich, ungewollte Entwicklungen auf natürliche Weise zu regulieren. Bei hartnäckigem Algenwuchs können oft schon Veränderungen in der Beleuchtung oder Besatz mit algenfressenden Fischen hilfreich sein.**

Sobald das Becken eingerichtet ist, dauert es noch einige Wochen, bis Fische, Pflanzenbewuchs und Mikroorganismen des Aquariums völlig aufeinander »eingespielt« sind. Während dieser Zeit gewöhnen sich die Fische ein, sie lernen ihre Futterplätze und die verschiedenen Versteckmöglichkeiten kennen, manche besetzen Reviere. Die Pflanzen wachsen heran, der Biofilter erreicht allmählich seine volle Abbauleistung.

Gleichzeitig sind aber auch andere Veränderungen festzustellen: Manche Pflanzen wachsen schneller und breiten sich stärker aus als andere. Unsere ursprünglichen Vorstellungen von der Bepflanzung haben sich nicht verwirklicht, weil »nebensächliche« Pflanzen regelrecht wuchern, während dekorative Blickfänger kümmern. Einige Blätter sind sogar abgestorben, am Boden hat sich Mulm angesammelt und erste Algen wachsen auf den Scheiben. Diese Entwicklung ist jedoch völlig normal und kein Anlass zur Beunruhigung. Der Aquarianer muss allerdings die beiden Vorgänge des Wachsens und des Vergehens kontrollieren und so begrenzen, dass die Kapazität des relativ kleinen Lebensraumes im Aquarium nicht überfordert wird. An konkreten Maßnahmen bedeutet das unter anderem:

- den anfallenden Mulm absaugen
- die Pflanzen zurückschneiden
- verrottende Pflanzenteile entfernen
- in regelmäßigen Abständen einen Teil des verschmutzten Wassers austauschen

WICHTIG

Versuchen Sie stets die Gründe für unerfreuliche Veränderungen im Aquarium herauszufinden und zu beseitigen (vielleicht sind Licht-, Wasser- oder Temperaturwerte die Ursache), sonst stellt sich vermutlich bald wieder der alte Zustand ein.

Ein sinnvoll eingerichtetes und vernünftig besetztes Aquarium kann über viele Jahre hinweg ohne größere Eingriffe oder komplette Neueinrichtung betrieben werden, wenn es von seinem Betreiber richtig gepflegt wird. Es verändert sich im Verlaufe der Zeit und gewinnt dabei mit zunehmender Reife oft sogar an Reiz.

Niemand sollte allzu enttäuscht sein, wenn sich der optische Eindruck des Beckens nicht sofort wie erhofft einstellt. Ständige Veränderungen sind normal und typisch für jedes Aquarium. Es wäre deshalb auch vollkommen falsch, das

Becken jeweils neu einzurichten, wenn Sie mit seinem Zustand einmal unzufrieden sind. Vernünftiger ist es, die Entwicklungen im Aquarium durch vorsichtige Eingriffe und Korrekturen in die gewünschte Richtung zu lenken. Sie können zum Beispiel Pflanzen zurückschneiden und unerwünschte Ausläufer kappen. Einzelne Pflanzen lassen sich vorsichtig umgruppieren. Mitunter kann es hilfreich sein, die Lichtverhältnisse ein wenig zu variieren.

Auch der Fischbestand verändert sich natürlich im Laufe der Zeit. Selbst bei bester Pflege lässt es sich nicht vermeiden, dass einzelne Tiere sterben. Neue Fische werden hinzugekauft und vielleicht hat sich bei einigen Arten eines Tages sogar eigener Nachwuchs eingestellt. Obwohl man zu solchen Tieren oft eine besonders enge Beziehung entwickelt, sollte ihre Anzahl aber immer den Raumverhältnissen im Becken entsprechen. Fangen Sie daher überschüssige Fische heraus. Andere Aquarianer nehmen Ihnen gern Nachzuchttiere ab oder Sie beteiligen sich an einer Zierfischbörse. Auf diese Art und Weise können Sie sogar Ihre Finanzen für das Hobby wieder etwas aufbessern.

Die Natur ist kein Ziergarten. Durch regelmäßige Pflege lässt sich jedoch der Schauwert des Aquariums für lange Zeit bewahren.

Der tägliche Check

Wichtig
Einige Fischarten, zum Beispiel viele Welse, fressen bevorzugt in der Dämmerung oder in der Nacht. Sie sollten ihr Futter erst kurz vor Abschalten der Beleuchtung erhalten.

Zur täglichen Pflege des Aquariums gehören neben der Fütterung auch einige Kontrollen, die nicht aufwendig sind, jedoch viel Ärger ersparen können. Nehmen Sie deshalb diese Aufgaben auch dann noch ernst, wenn sie längst zur Routine geworden sind.

Fütterung

- Füttern Sie regelmäßig und abwechslungsreich und nur so viel wie die Fische in kurzer Zeit aufnehmen. Nicht gefressenes Futter wirkt sauerstoffzehrend und verdirbt das Wasser. Futterreste, die länger am Boden liegen bleiben, mit einem Schlauch absaugen.
- Beobachten Sie das Fressverhalten der Fische: Fressen sie mit Appetit, sind sie in aller Regel auch gesund. Bleibt das Futter hingegen unbeachtet, deutet das oft auf Überfütterung, schlechte Haltungsbedingungen oder Krankheiten hin.
- Achten Sie darauf, dass alle Fische Futter bekommen. Schwächere Tiere werden häufig vom Futterplatz verjagt und kommen deshalb kaum an Nahrung.

INFO
Um Auffälligkeiten erkennen zu können, sollte man natürlich wissen, was »normal« ist. Manche Fische verändern zum Beispiel ihr Aussehen zu bestimmten Zeiten (Tag/Nacht, Laichzeit, Paarung), ohne krank zu sein.

Beckenkontrolle

- Überprüfen Sie die Wassertemperatur mindestens einmal täglich. Starke oder längere Abweichungen vom Optimum schädigen Fische und Pflanzen. Beschädigte Heizstäbe erst wechseln, nachdem der Netzstecker gezogen wurde.
- Ist das Wasser trüb? Die Ursachen könnten Algen oder eine Massenentwicklung von Infusorien sein. Eine starke Lupe (etwa 10fache Vergrößerung) hilft bei der Aufklärung. Abhilfe: Filterdurchsatz erhöhen, biologische Bekämpfung durch lebende »Wasserflöhe« (sie ernähren sich von Infusorien und filtern solche Kleinlebewesen aus dem Wasser).
- Kontrollieren Sie, ob der Filter sich nicht dichtgesetzt hat und ob die Wasserumwälzung gewährleistet ist. Schläuche können langsam »zuwachsen« oder plötzlich durch Schnecken und angesaugte kleine Steine verstopft werden.
- Achten Sie darauf, dass sich die Beleuchtung programmgemäß ein- und ausschaltet.
- Beachten Sie die Umgebung des Aquariums, kleine Wasserpfützen können erste Anzeichen für ein undichtes Becken

sein! Undichte Stellen stets von innen abdichten (Soforthilfe ist oft schon mit einem Kaugummi möglich).

Beobachtung der Tiere

- Zeigen die Fische auffällige Veränderungen in Aussehen oder Verhalten? Verblasste Farben, Teilnahmslosigkeit oder krampfhaftes Nach-Luft-Schnappen sind oft erste Hinweise auf Krankheiten oder bedrohliche Zustände im Becken, etwa O_2-Mangel oder Vergiftungen.
- Sind die Fische ungewöhnlich ruhig oder verhalten sie sich apathisch? Das kann auf Überfütterung, eine beginnende Erkrankung oder auf Vergiftung hindeuten. Stellen Sie die Fütterung ein und beobachten Sie die Fische über längere Zeit hinweg aufmerksam. Wichtig: was wurde in letzter Zeit am Aquarium verändert (neue Fische, andere Dekoration, neues Futter)? Gegebenenfalls sollten Sie eine Therapie einleiten.
- Vertragen sich die Fische untereinander? Wenn schwächere Tiere »unterdrückt« und durchs Becken gejagt werden (etwa bei revierbildenden Cichliden-Arten) sollten Sie stets die unterlegenen Fische aus dem Aquarium entfernen, sonst rücken sie nach Entfernung des vermeintlichen Störenfrieds in der Rangfolge auf und die Situation bleibt unverändert.

Beobachtung der Pflanzen

- Ist das Wachstum der Pflanzen normal, treiben sie neue Blätter? Kümmerwuchs und Braunfärbung ist oft ein Zeichen für Licht- oder Nährstoffmangel.
- Sind die Pflanzen stark vergeilt oder verkümmern sie? Der Standort im Becken ist falsch oder die Lichtverhältnisse nicht optimal.
- Gibt es Biß- und Fraßspuren der Fische an den Pflanzen? Das kann ein Hinweis auf fehlende pflanzliche Nahrung sein.
- Haben sich Algen auf den Blättern gebildet (meist fädige oder schmierig blaugrüne Beläge)? Was dann zu tun ist, lesen Sie auf Seite 83.

Beschränken Sie Arbeiten am und im Aquarium auf das nötige Mass. Schreckhafte Fische geraten schnell in Panik und können sich an den Scheiben verletzen oder aus dem Becken springen. Kranke, verletzte und tote Fische müssen sofort entfernt werden.

WICHTIG

Notieren Sie bei Erkrankung eines Fisches immer die Rahmenbedingungen im Aquarium (Temperatur, Sauerstoff, Wasserwerte, Futter). Art der Krankheit, Ursachen und Behandlung lassen sich dann leichter feststellen.

Die wöchentliche Wartung

TIPP **Befühlen Sie vorsichtig die Blätter der Pflanzen: sandpapierartig raue Oberflächen sind meist ein Zeichen für zu hartes Wasser.**

Die wöchentliche Pflege dient dazu, das Erscheinungsbild des Aquariums zu verbessern und unerwünschte Entwicklungen zu korrigieren.

Sehr wichtig: der Teilwasserwechsel

Ähnlich wie bei einem starken Regenschauer in den Tropen, der viele Stoffe, die sich im Wasser angesammelt haben, fortschwemmt oder verdünnt, wird dabei ein großer Teil der Stickstoffverbindungen aus dem Aquarium entfernt. Deshalb hat der Teilwasserwechsel auch eine vorbeugende Funktion.

Bei kleineren Aquarien sollte wöchentlich etwa $1/4$, bei großen Becken (ab 250 l) mindestens $1/10$ des Wassers ausgetauscht werden.

Mulm und Kahmhaut entfernen

Mit dem Altwasser müssen vor allem die groben Schmutzpartikel, die sich am Boden sammeln, abgesaugt werden. Falls keine Mulmglocke zur Hand ist, lässt sich auch ein Trichter verwenden, dessen Tülle man einfach in den Schlauch steckt.

Bei offenen Aquarien oder ungenügender Wasserzirkulation kann sich gelegentlich eine ölig schimmernde Kahmhaut auf der Oberfläche bilden. Sie behindert den Sauerstoffaustausch und muss deshalb entfernt werden. Dazu legt man am besten ein Blatt Zeitungspapier auf die Oberfläche und hebt es anschließend wieder vorsichtig ab. Die Kahmhaut bleibt am Papier haften. Um erneuter Kahmhautbildung vorzubeugen, muss die Oberfläche des Wassers stärker bewegt werden. Meist reicht es aus, den Auslass des Filters entsprechend einzustellen.

WICHTIG
Die Temperatur des Austauschwassers sollte den Verhältnissen im Aquarium annähernd entsprechen. Bei manchen Fischarten kann die Zugabe von kälterem Wasser laichauslösend wirken.

Pflanzen zurückschneiden

Von Zeit zu Zeit müssen Sie die Pflanzen zurückschneiden oder ausdünnen, damit das Aquarium nicht zuwächst. Viele Stängelpflanzen treiben seitlich aus und verzweigen sich zu kleinen Büschen, wenn das Wuchszentrum an der Spitze entfernt wird. Unerwünschte Ableger können Sie abkneifen und vorsichtig herausziehen. Ansonsten sollten Umpflanzungen im Becken nach Möglichkeit unterbleiben. Abgestorbene und faule Pflanzenteile müssen abgeschnitten und aus dem Wasser entfernt werden.

Scheiben reinigen

Die Scheiben dürfen nur mit Werkzeugen gesäubert werden, die keine Kratzer und Riefen im Glas hinterlassen. Greifen Sie deshalb nur bei hartnäckigen Verschmutzungen oder festem Algenaufwuchs zu Rasierklingen und ähnlichem. Besser geeignet sind Schwämme, die jedoch sauber sein müssen. Schon ein kleines Sandkorn kann die Oberfläche zerkratzen. Mit magnetisch haftenden Schabern können Sie die Scheiben von innen reinigen, ohne sich die Hände nass zu machen. Allerdings ist das etwas mühsam und bringt längst nicht immer den gewünschten Erfolg. Vor allem in den Ecken, lassen sich die Algen auf diese Weise nur unzureichend entfernen.

Wasserwerte analysieren

Falls erforderlich, können Sie auch die Wasserwerte analysieren. Im Fachhandel sind einfache Testsets erhältlich. Man sollte sich jedoch immer fragen, ob die Messungen wirklich sinnvoll sind. Wenn man nicht weiß, wie der Parameter das Leben im Aquarium beeinflusst und wie er sich verändern lässt, nützen solche Analysen in aller Regel nur wenig.

Der regelmäßige Teilwasserwechsel ist eine der wichtigsten Pflege- und Vorbeugungsmassnahmen für das Aquarium.

SPECIAL

Die Betreuung des Aquariums im Urlaub

Nicht immer findet sich für die Urlaubszeit eine Aufsicht für das Aquarium. Doch keine Sorge, Sie können es durchaus einige Wochen sich selbst überlassen. Manchmal entwickelt es sich ohne äußere Störungen sogar überraschend vorteilhaft. Damit jedoch wirklich nichts schief geht, sollten Sie das Becken auf Ihre Abwesenheit rechtzeitig und gründlich vorbereiten.

Fische

● Passen Sie die Anzahl der Fische unbedingt der Größe des Aquariums an. Ein zu dichter Fischbestand birgt gerade in der Zeit, in der das Becken sich selbst überlassen ist, die größten Risiken.
● Beobachten Sie die Fische in den letzten beiden Wochen vor dem Urlaub besonders aufmerksam. Schwache und kränkelnde Tiere fangen Sie kompromisslos heraus, da sie die geringsten Überlebenschancen haben.
● Setzen Sie in den letzten 4 Wochen vor der Reise keine neuen Fische mehr in das Aquarium. Die »Neuen« bringen die Ordnung im Aquarium nur unnötig durcheinander, lösen nicht selten neue Rangkämpfe aus und könnten Krankheiten einschleppen, die erst nach Ihrer Abreise voll zum Ausbruch kommen.
● Verabreichen Sie kurz vor Urlaubsantritt besonders hochwertiges und abwechslungsreiches Futter. Während Ihrer Abwesenheit kann ein Futterautomat das Füttern übernehmen. Testen Sie aber vorher, ob das Futter dafür geeignet ist (»Streufähigkeit«, Verklumpung, Schimmelbildung). Über den Automaten muss die Fütterung äußerst sparsam erfolgen, denn nicht gefressenes Futter hat gerade jetzt fatale Folgen. Steht kein Futterautomat zur Verfügung, kann die Fütterung (für etwa 2 bis 3 Wochen) auch ganz unterbleiben. Auf gar keinen Fall Futter »auf Vorrat« ins Wasser geben!

Bei entsprechender Vorbereitung ist es kein allzu großes Problem, wenn das Aquarium für längere Zeit sich selbst überlassen bleibt.

● Senken Sie die Wassertemperatur um 2 bis 3 Grad ab, das verringert den Stoffwechsel der Tiere.

Pflanzen

● Entfernen Sie alle abgestorbenen Blätter von den Pflanzen. Sie belasten sonst nur unnötig die Sauerstoffverhältnisse im Becken.
● Dichte Pflanzenbestände sollten Sie jetzt nicht mehr ausdünnen oder zurückschneiden, da sie bei ausreichender Lichtzufuhr zur guten O_2-Versorgung im Becken beitragen.
● Falls nötig, dünnen Sie die Schwimmpflanzen aus, um die Beschattung der anderen Pflanzen zu verringern.

Wasser

● Unmittelbar vor Reiseantritt etwa 50 % des Wassers wechseln und dabei den Mulm besonders gründlich vom Boden absaugen. Vor allem im groben Bodenkies setzen sich mit der Zeit Schmutzstoffe ab, die sauerstoffzehrend wirken und deshalb entfernt werden müssen.
● Überprüfen Sie durch entsprechende Messungen, dass alle wichtigen Wasserwerte in für die Fische zuträglichen Bereichen liegen.
● Decken Sie das Becken sorgfältig ab, um die verdunstungsbedingten Wasserverluste zu reduzieren und ein Herausspringen der Fische zu verhindern.
● Gerade im Sommer kann die Temperatur in der Wohnung manchmal stark ansteigen. Falls nötig verdunkeln Sie die Fenster, um ein zusätzliches Aufheizen durch direkte Sonneneinstrahlung zu verhindern. Achtung: für ausreichende Beleuchtung des Beckens sorgen, eventuell die Schaltuhr auf eine etwas längere Zeit einstellen.

Technik

● Schon im Vorfeld der Reise muss die ordnungsgemäße Funktion des technischen Zubehörs überprüft werden. Nötige Reparaturen rechtzeitig vornehmen, verschlissene Geräte notfalls austauschen.
● Ersetzen Sie alte und lichtschwache Leuchtstoffröhren vor der Reise nicht mehr durch neue, die bessere Beleuchtung könnte zur Massenentwicklung von Algen führen.
● Etwa 2 Wochen vor der Reise den Filter reinigen, damit zum Urlaubsbeginn wieder die volle biologische Abbauleistung vorhanden ist. Alle Schlauchverbindungen kontrollieren, poröse sowie brüchige Teile austauschen.
● Überprüfen Sie auch alle Verbindungen zwischen Steckern und Steckdosen. Ein Kurzschluss oder eine herausgesprungene Sicherung (das passiert manchmal auch bei schweren Gewittern) kann während des Urlaubs schlimme Folgen für das Aquarium haben.

Manche Aquarienvereine organisieren zur Urlaubszeit eine Art Bereitschaftsdienst, der bei Becken abwesender Mitglieder nach dem Rechten sieht.

Betreut ein Nichtaquarianer das Becken im Urlaub, können Sie die tägliche Futtermenge portioniert einzeln abpacken (z. B. in Alufolie). Das verhindert ein Überfüttern der Fische.

Wenn ein Fisch erkrankt, ...

Wichtig
Prüfen Sie bei der Suche nach der Krankheitsursache zuerst, was in letzter Zeit am Aquarium verändert wurde (zum Beispiel neue Fische, Steine, Wurzeln oder Futter). Oft ist die Erklärung darin zu finden.

Einen erkrankten Fisch im Aquarium erkennt man meist schnell an seinem auffällig veränderten Aussehen und Verhalten. Es ist wichtig, Erkrankungen rechtzeitig zu bemerken, weil sie im Anfangsstadium oft besser zu behandeln sind.

Folgende Anzeichen sind für eine Erkrankung typisch:

- mangelnde Fresslust und Abmagerung des Fisches
- zusammengefallene Flossen (»Flossenklemmen«) oder ausfransende Flossenränder
- Trübung der Augen
- weißliche, watteartige Beläge oder griesig weiße Pünktchen auf dem Körper
- erkennbare Hautverletzungen mit blutunterlaufenen Bereichen
- ungewöhnlich häufiges Sichscheuern an Steinen und Pflanzen
- apathisches oder auffallend unruhiges Verhalten und Schwimmstörungen

Suchen Sie sofort nach möglichen Ursachen für die Erkrankung! Je genauer und schneller die Gründe dafür erkannt werden, desto gezielter und erfolgreicher lässt sie sich vielfach bekämpfen.

Als Ursachen für Erkrankungen kommen häufig infrage:

- verschmutztes Aquarienwasser und allgemein schlechte Lebensbedingungen
- unzulässige Wasserwerte (Härte, Nitrit- und Nitratbelastung, pH-Abweichungen usw.)
- Verfütterung von belastetem Lebendfutter aus verschmutzten Gewässern oder von unbekannter Herkunft
- Einschleppung von Krankheitserregern durch Fische oder Pflanzen, die kurz zuvor in das Aquarium gesetzt wurden

Achtung
Manche Medikamente bekämpfen nicht nur bakterielle Krankheitserreger, sondern auch die Mikroorganismen im Biofilter! Stellen Sie vor einer Behandlung im Aquarium etwas Biomaterial sicher, um den Filter danach wieder beimpfen zu können.

Der Fachhandel bietet eine Fülle von Medikamenten gegen die häufigsten Aquarienfischkrankheiten an. Neben Arzneimitteln, die gezielt gegen eine bestimmte Krankheit eingesetzt werden, gibt es Mittel, die bei mehreren Erkrankungen gleichzeitig wirken. Bei unsicherer Diagnose sollten Sie sich immer für solche Präparate entscheiden. Beachten Sie die Anwendungsvorschriften peinlich genau, schließlich soll die Krankheit und nicht der Fisch bekämpft werden.

Behandeln Sie den erkrankten Fisch nach Möglichkeit in einem gesonderten Behälter, um im Aquarium jegliche Nebenwirkungen zu vermeiden. Sind jedoch alle Fische betroffen, kann die Behandlung auch im Becken erfolgen.

Nach der Behandlung unbedingt 80 bis 90% des Wassers austauschen.

Wenn sich keine Besserung zeigt, ...

Wenn es keine Heilungschancen für den Fisch gibt, ist es humaner, ihn schmerzarm zu töten, als ihn unnötig leiden zu lassen. Bei großen Fischen schlägt man dazu kräftig mit einem harten Gegenstand (zum Beispiel einem Messerrücken) auf die Nackenregion. Kleineren Tieren sollte man die Wirbelsäule mit einem scharfen Messer direkt hinter dem Kopf durchschneiden. In beiden Fällen tritt der Tod sofort ein. Keine Lösung ist es, kranke Fische in der Natur freizulassen oder sie im Toilettenbecken hinunterzuspülen.

Kranke Fische müssen unverzüglich aus dem Aquarium entfernt und in ein separates Becken gesetzt werden, damit sich die anderen Tiere nicht anstecken.

SPECIAL

Wichtige Fischkrankheiten

Tiere, die unter schlechten Lebensbedingungen im Aquarium gehalten werden, sind besonders anfällig für Erkrankungen, weil ihr Immunsystem oft geschwächt ist und sie dadurch nur wenig Widerstandskraft besitzen. Die beste Vorbeugung gegen Krankheiten ist darum nach wie vor ein sorgfältig gepflegtes Aquarium.

Umweltbedingte Erkrankungen

Ihre Ursachen sind Wasserparameter, die den Anforderungen der gehaltenen Fische nicht genügen, oder Vergiftungen des Wassers (etwa durch Ammoniak, Metallverbindungen, Pestizide).

Säurekrankheit

Ursache: zu niedriger pH-Wert
Anzeichen: Trägheit, auffallende Schwimmunlust, bei schweren Fällen auch krampfartiges Abspreizen der Flossen und milchige Hauttrübung
Bekämpfung: langsame Erhöhung des pH-Wertes
Achtung: Beim plötzlichen Umsetzen der Fische in zu saures Wasser schwimmen die Tiere meist in Panik umher, nicht selten tritt dann innerhalb weniger Minuten der Tod ein.

Basenkrankheit

Ursache: zu hoher pH-Wert
Anzeichen: Kiemenverätzungen, ausgefranste Flossen, häufig außerdem Hauttrübungen
Bekämpfung: Krankheitserscheinungen klingen nach Absenkung des pH-Wertes nur langsam ab

Eingeweideverfettung

Ursache: reichliche Fütterung bei zu engem Lebensraum und gleichbleibender Temperatur
Anzeichen: schwer erkennbar, leichte Körperschwellung, fast alle inneren Organe können verfetten, Anfälligkeit für Sekundärinfektionen stark erhöht (infektiöse Bauchwassersucht!)
Bekämpfung: schwierig, Heilungsaussichten gering, manchmal hilft mäßige Fütterung über längere Zeit

Magen-Darm-Entzündungen

Ursache: einseitige und zu reichliche Fütterung, nährstoffreiches und ballaststoffarmes Futter
Anzeichen: äußerlich schwer erkennbar, Fische sind relativ träge, bei schweren Fällen geröteter After, Kot schleimigblutig
Bekämpfung: schwierig, Fische etwa 1 Woche fasten lassen, danach langsam wieder an Futter gewöhnen (dabei hochwertiges Lebendfutter verabreichen!)

Erregerbedingte Krankheiten

Verursacher sind Parasiten, die im oder auf dem Körper des Fisches schmarotzen, sowie Bakterien und Viren. Die äußeren Anzeichen dieser Erkrankungen sind häufig wenig spezifisch und ähneln sich stark. Die genaue Diagnose ist darum oft nicht einfach. Je früher sie jedoch gestellt wird, desto größer ist bei richtiger Behandlung die Heilungschance.

»Weiße-Pünktchen-Krankheit« *(Ichthyophthirius)*

Ursache: Einschleppung des einzelligen Wimperntierchens Ichthyophthirius multifilis in das Aquarium (oft mit Lebendfutter aus dem Dorfteich)
Anzeichen: griesig-weiße Pünktchen auf der Haut (bis 1 mm Durchmesser), Fische scheuern sich an Steinen, schaukelnde Schwimmbewegungen
Bekämpfung: bei rechtzeitigem Erkennen relativ gut, befallene Fische sofort isolieren! Temperatur auf 30 bis 33 °C erhöhen, medikamentöse Bekämpfung durch Dauerbad der Fische, im Fachhandel sind verschiedene Mittel erhältlich, die ins Wasser gegeben werden müssen und recht wirksam sind
Achtung: Wird die Krankheit zu spät entdeckt, müssen das Aquarium und alle Gerätschaften vor ihrer erneuten Inbetriebnahme gründlich desinfiziert werden und für einige Tage völlig austrocknen.

Die »Weiße-Pünktchen-Krankheit« lässt sich, wenn sie rechtzeitig erkannt wird, relativ gut bekämpfen.

Samtkrankheit

Ursache: Einschleppung des Geißeltierchens Oodinium pillularis
Anzeichen: gelblichgrauer Hautbelag, mit einer Lupe sind kleine graue Knötchen erkennbar, Tiere scheuern sich häufig an Steinen, Flossenklemmen, Ränder der Flossen ausgefranst, gelegentlich kann sich die Haut in Fäden ablösen
Bekämpfung: bei rechtzeitigem Erkennen relativ gut, befallene Fische sofort isolieren! Temperatur auf 30 bis 33 °C erhöhen, medikamentöse Bekämpfung durch Dauerbad der Fische
Achtung: Es werden ständig neue Präparate zur Bekämpfung entwickelt. Unbedingt im Fachhandel fragen, welches am wirksamsten ist.

Fischtuberkulose

(eine der häufigsten Erkrankungen im Warmwasser-Aquarium)
Ursache: bakterielle Erreger (Einschleppung durch neue Fische ist möglich), schlechte Pflege des Beckens, Überbesatz
Anzeichen: vielfältige Krankheitsbilder, äußerliche Symptome hängen stark von der Lage des Erregerherdes ab (sie können sogar fehlen), oft stark aufgedunsener Körper oder starke Abmagerung, Geschwüre und Schwimmstörungen, bei Öffnung der Bauchhöhle sind schmutziggraue Knötchen auf den inneren Organen erkennbar (»Tuberkel«)
Bekämpfung: schwierig, erkrankte Fische sofort isolieren, bei starkem Befall vernichten, angebotene Präparate helfen nur bei rechtzeitigem Einsatz

Ungebetene Gäste im Aquarium

WICHTIG
Parasiten schwächen die Fische und machen sie dadurch sehr anfällig für andere Erkrankungen. Darum muss ein Parasitenbefall möglichst rasch behandelt werden.

Nicht alles, was sich im Aquarium einstellt, ist auch willkommen. Manche Tiere oder Pflanzen sind unerwünscht und bereiten viel Ärger, weil sie die Insassen des Aquariums schädigen.

Es gibt viele Möglichkeiten, wie die »ungebetenen Gäste« in das Becken gelangen können. Meist werden sie auf verschiedenen Wegen von außerhalb eingeschleppt. Einige Parasiten oder räuberische Kleintiere können beispielsweise im Lebendfutter stecken oder in einem Büschel Wasserpflanzen verborgen sein. Manchmal sind Fische auch schon befallen, wenn sie in das Aquarium kommen. Nicht selten werden auch nur die Ei- oder Jugendstadien des Parasiten eingeschleppt, die sich dann im Becken fertig entwickeln. So sauber viele unserer Bäche und Seen auch aussehen mögen, Schnecken aus einheimischen Gewässern sollten nie ins Aquarium gesetzt werden, weil sie Zwischenwirte für Parasiten sein können.

TIPP
Um ungebetene Gäste dem Aquarium fernzuhalten, können Sie Lebendfutter kurz frosten. Dabei werden Parasiten und Räuber zuverlässig abgetötet.

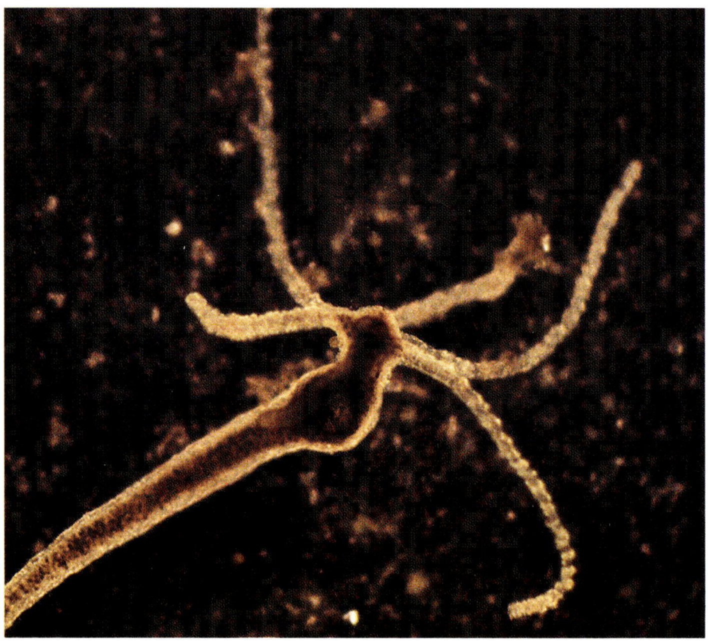

Mit lebendem Futter werden häufig Süßwasserpolypen eingeschleppt. Diese nur wenige Millimeter großen Nesseltiere können sich an kleinen Fischen vergreifen.

Besonders leicht sind Parasiten zu erkennen, die außen auf dem Fischkörper schmarotzen. Ihre bevorzugten Aufenthaltsorte sind die äußeren Hautbereiche, insbesondere die Kiemen und Augen. Wesentlich schwieriger lassen sich Parasiten ausmachen, die im Körper, meist im Darm oder in der Bauchhöhle, leben.

Die Bekämpfung von Schmarotzern erfolgt sehr häufig durch so genannte Bädertherapien. Dabei werden dem Aquarienwasser bestimmte Präparate zugesetzt, die die Parasiten abtöten sollen. Die Anwendungsvorschriften sind peinlichst genau einzuhalten, damit die Pflanzen nicht durch die Behandlung geschädigt werden. Während der Badtherapie unterstützt eine intensive Belüftung des Aquariums häufig den Behandlungserfolg.

Manche räuberischen Insekten oder deren Larven vergreifen sich sogar an kleineren Fischen. In das Aquarium gelangen diese unangenehmen Räuber fast immer mit lebendem Futter, das in Tümpeln gefangen wurde. Viele der meist relativ großen Tiere sind einfach zu erkennen, wenn Sie das Lebendfutter vor seiner Verfütterung in einer weißen Plastikschüssel durchmustern.

WICHTIG

Bei starkem Befall mit Parasiten muss nicht selten das ganze Aquarium behandelt werden, um die Schmarotzer wirksam zu bekämpfen.

Fast durchsichtig und nur knapp einen Millimeter groß: dieser Saugwurm, der auf den Kiemenblättchen der Fische schmarotzt, lässt sich am besten mit einer Lupe entdecken.

Algen im Aquarium

WICHTIG

Da Algenblüten meist von mehreren Faktoren gemeinsam verursacht werden, die auf komplizierte Weise miteinander verknüpft sein können, ist ihre Bekämpfung nicht einfach und erfordert neben der Suche nach den Ursachen auch etwas Geduld.

Algen finden sich in fast jedem Aquarium. Sie werden jedoch zur Plage, wenn sie sich übermäßig entwickeln. Je nach Art können sie dann Scheiben, Pflanzen und die gesamte Einrichtung als samtartige, schmierige oder fädige Deckschicht überziehen. Dadurch rauben sie den Pflanzen viel Licht und bringen sie manchmal sogar zum Absterben. Feinfiedrige Wasserpflanzen reagieren besonders empfindlich auf Algen.

Entwicklungsgeschichtlich gehören Algen zu den ältesten Pflanzen. Sie haben sich im Meer entwickelt und sind darum an die dortigen Lichtverhältnisse besonders gut angepasst. Sie können Licht mit starkem Blauanteil wesentlich besser ausnutzen als viele der höheren Wasserpflanzen, die vor allem Rotlicht bevorzugen.

Wichtige Algen im Aquarium

Algenart	Erscheinungsbild	Ursache
Blaualgen	schmierig-schleimige Beläge von meist blaugrüner Farbe (auch »Schmieralge«), verbreitet sich rasch durch Abspaltung neuer Kolonien	hartes und nährstoffreiches Wasser, direkte Sonneneinstrahlung
Grünalgen	samtartiger oder fädiger Aufwuchs, oft von intensiv grüner Färbung, sowohl koloniebildende als auch freischwimmende Formen sind möglich	zu viel Licht mit hohem Blauanteil oder direkte Sonneneinstrahlung
Rotalgen	im Süßwasser leben nur wenige Arten, meist fädig verzweigte Formen (zum Beispiel die Bartalge), Farbe bräunlich oder grün	extrem klares Wasser und zu viel Licht
Braunalgen (korrekter: Kieselalgen)	Beläge aus bräunlich gefärbten Algen, die sich als grobe Flocken abwischen lassen	nährstoffreiches Wasser, falsche Beleuchtung (zu viel und zu lange)

TIPP **Algen lassen sich relativ gut bekämpfen, wenn man einige Erlenzapfen in das Aquarium legt. Sie sondern Substanzen ab, die das Wachstum der Algen hemmen (Achtung: Erlenzapfen senken den pH-Wert).**

Die Lichtqualität ist aber nur eine von vielen Ursachen, die zum Ausbruch einer Algenblüte beitragen können.

Begünstigend wirken sich besonders folgende Einflüsse aus:
- tägliche Beleuchtungsdauer zu lang, zu hohe Lichtintensität (Wattzahl), hoher Blauanteil
- hartes und sauerstoffübersättigtes Wasser
- zu geringer oder falscher Pflanzenbewuchs (ein hoher Anteil an schnellwüchsigen Pflanzen hemmt die Algenentwicklung)
- mangelhafte Filterung des Wassers (hoher Durchsatz bei geringer Abbauleistung)
- zu nährstoffreiches Wasser

Meist werden Algenblüten von mehreren Faktoren gemeinsam verursacht, die auf komplizierte Weise miteinander verknüpft sein können. Deshalb ist ihre Bekämpfung auch nicht einfach.

ACHTUNG
Schnecken eignen sich nur bedingt zur Algenbekämpfung. Einige Arten können dafür aber Schäden an den Pflanzen anrichten.

Bewährte Mittel gegen Algenplagen

- Scheiben gründlich reinigen und Algenflocken auf den Boden sinken lassen, danach etwa 50% des Wassers wechseln und dabei so viele Algen wie möglich mit absaugen
- stark veralgte Blätter aus dem Aquarium entfernen
- Filterung verbessern, Wasserdurchsatz zugunsten höherer Abbauraten drosseln (Filter nicht säubern!), manchmal hilft auch eine Filterung über Torf (Achtung: der pH-Wert sinkt dadurch ab!)
- schnellwüchsige Pflanzen in das Becken setzen, um verstärkt Nährstoffe zu binden
- Beleuchtungsdauer um etwa ⅓ verkürzen, empfehlenswert ist eine 1- bis 2-stündige Dunkelphase um die Mittagszeit
- Beleuchtungsstärke reduzieren, dazu eventuell einen Teil der Wasseroberfläche mit Schwimmpflanzen abdecken
- algenfressende Fische einsetzen, besonders geeignet sind Saugschmerlen (*Gyrinocheilus aymonieri*), *Otocinclus*-Arten und Siamesische Rüsselbarben (*Crossocheilus siamensis*)

Die Bekämpfung lästiger Algen im Aquarium erfordert immer etwas Geduld.

Verzweifeln Sie nicht, wenn es mit der Algenbekämpfung nicht auf Anhieb klappt. Algen treten bevorzugt in neu eingerichteten Aquarien auf, weil die biologischen Kreisläufe noch nicht genügend aufeinander abgestimmt sind. Mit der Zeit lässt die Algenbildung in gut eingerichteten Becken oft deutlich nach.

Pflanzen: schön und biologisch wichtig

Erst die Pflanzen machen das Aquarium zu einem prachtvollen grünen Garten unter Wasser. Außerdem sind sie für zahllose Lebensprozesse von großer Bedeutung.

Die Vielfalt an Farben und Formen in der Pflanzenwelt der tropischen Gewässer ermöglicht es, das Aquarium ausgewogen zu gestalten.

Die Auswahl

TIPP **Wenn es der Aufstellungsort des Aquariums zulässt, sollte man das Aquarium nach oben offen lassen. Nicht wenige Pflanzen wachsen dann aus dem Wasser heraus und treiben häufig sogar Blüten.**

Die Pflanzen sind ein wichtiger Faktor für stabile und zuträgliche Lebensbedingungen im abgegrenzten »Kleinbiotop Aquarium«. Mit einigem technischen Aufwand ließe sich das Aquarium zwar auch ohne Pflanzen betreiben, doch es wäre wie eine Wüste unter Wasser. Es gibt sogar zahlreiche Aquarianer, die sich mehr für die Pflanzen im Becken interessieren als für die Pflege von Fischen. Sie legen bei der Zusammenstellung größten Wert auf die dekorative Wirkung des Beckens, auf vollkommene Harmonie der Wuchsformen und Farben.

Nicht nur nach der Ästhetik gehen

Bei der Auswahl der Pflanzen für das Aquarium sollte man nicht allein auf Farben, Größen und Formen achten. Mindestens ebenso wichtig sind ihre Ansprüche an die Lichtverhältnisse und an die Zusammensetzung des Wassers sowie der Nährstoffbedarf. Diese Forderungen entscheiden letztlich darüber, welche Pflanzen sich erfolgreich im Aquarium vergesellschaften lassen.

Im Allgemeinen sind Wasserpflanzen recht variabel und tolerieren auch Lebensbedingungen, die mehr oder weniger stark von den von ihnen bevorzugten Verhältnissen abweichen. Doch Arten, die hartes Wasser brauchen, passen selbstverständlich nur schlecht zu Pflanzen, die weiches benötigen. Wenn sie saure pH-Werte bevorzugen, sollte man sie nicht mit Arten kombinieren, die eher bei basischen Verhältnissen gedeihen.

TIPP **Bei richtiger Pflege vermehren sich manche Pflanzen sehr stark. Tauschen Sie gelegentlich mit anderen Aquarianern überzählige Pflanzen, das sorgt für Abwechslung im Becken und hilft Geld zu sparen.**

Nicht wenige der heute verbreiteten Aquarienpflanzen sind keine »echten« Wasserpflanzen, sondern stammen aus Sumpfbiotopen. Dazu gehören zum Beispiel *Echinodorus-*, *Ludwigia-*, *Sagittaria* und viele *Cryptocoryne*-Arten. An ihren natürlichen Standorten müssen sie im Verlaufe des Jahres mit wechselnden Wasserständen fertig werden. Einige von ihnen kommen nur zum Blühen, wenn sie vollkommen trocken gefallen sind. Andere Pflanzen, wie *Vallisneria-* oder *Elodea*-Arten, haben sich so stark an das Leben im Wasser angepasst, dass sie kein Trockenfallen mehr vertragen.

Grundsätzlich kann man Aquarienpflanzen nach ihren Ansprüchen in kalkliebende und kalkfeindliche Arten unterteilen. Die Vertreter dieser beiden Gruppen gedeihen unter unterschiedlichen Bedingungen am besten – sie sind aus der nachstehenden Tabelle zu ersehen.

Lebensbedingungen von Aquarienpflanzen

Parameter	Kalkliebende Arten	Kalkfeindliche Arten
Typische Pflanzengruppen	*Elodea, Sagittaria, Vallisneria*	*Cabomba, Cryptocoryne, Echinodorus, Limnophila*
Wasserhärte	hart	weich
pH-Wert des Wassers	neutral bis schwach alkalisch	leicht sauer
pH-Wert des Bodens	alkalisch	leicht sauer
Lichtbedarf	hoch	relativ gering

Auch die Art der Nährstoffaufnahme muss bei der Auswahl und Gestaltung des Bodengrundes unbedingt berücksichtigt werden.

Einige Pflanzen schätzen die Aufwuchsbedingungen im offenen Aquarium ganz besonders und sorgen für ungewöhnlich dekorative Effekte.

Empfehlenswerte Aquarienpflanzen

Elodea (Wasserpest)

Derzeit sind mehr als 250 Pflanzenarten für aquaristische Zwecke verfügbar und ihre Zahl nimmt beständig zu. Darunter befinden sich zahlreiche Arten, die auch Anfängern wohl keine größeren Schwierigkeiten bereiten dürften.

Elodea-Arten (Wasserpest)

Anspruchslose und robuste Wasserpflanzen, deren kleine Blätter in Quirlen stehen. Man sollte sie in kleinen, dekorativen Gruppen pflanzen. Einzelstücke können auch frei im Wasser schwimmen. Vermehrung durch Stecklinge, die aus dem Stängel geschnitten werden. Auch kleinere Stücke mit nur 2 bis 3 Quirlen wachsen meist problemlos an.

● **Empfehlenswert:** Kanadische Wasserpest *(Elodea canadensis)*

● **Ansprüche:** Temperatur 16 bis 22 °C, pH-Wert 7 bis 8, Karbonathärte 10 bis 25

Myriophyllum (Tausendblatt)

Myriophyllum-Arten (Tausendblatt)

Attraktive und schnellwüchsige Wasserpflanze, deren feinfiedrig beblätterte Stängel am besten in kleinen, nicht zu engen Gruppen gepflanzt werden. Ihr Lichtbedarf ist relativ hoch. Für ungestörtes Wachstum muss das Wasser frei von Schwebstoffen sein, darum gut filtern. Vermehrung durch Stecklinge, die aus Seitentrieben geschnitten werden können.

● **Empfehlenswert:** Brasilianisches Tausendblatt *(M. aquaticum)*, Gefiedertes Tausendblatt *(M. scabratum)*

● **Ansprüche:** Temperatur um 25 °C, pH-Wert 6 bis 7,5, Karbonathärte 5 bis 15

Sagittaria (Pfeilkraut)

Sagittaria-Arten (Pfeilkraut)

Sumpfpflanzen, die in verschiedenen Wuchsformen in Aquarien zu finden sind. Viele Arten sind anspruchslos und robust, können sehr gut aus dem Wasser herauswachsen. Kleinere Arten bilden durch Ableger schnell dichte Rasen. Je nach Art mittlerer oder hoher Lichtbedarf. Vermehrung durch Ableger.

● **Empfehlenswert:** Gras-Pfeilkraut *(S. graminea)*, Flutendes Pfeilkraut *(S. subulata)*
● **Ansprüche:** Temperatur 20 bis 28 °C, pH-Wert 6 bis 8, Karbonathärte 5 bis 15

Cryptocoryne (Wasserkelch)

Cryptocoryne-Arten (Wasserkelch)

Mehr als 30 Arten unterschiedlich großer Pflanzen, die zwar heikler als andere Gruppen sind, deren dekorative Farben und Formen aber zur weiten Verbreitung geführt haben. Manche Arten reagieren empfindlich auf Veränderungen der Umwelt, vor allem bei Temperatur-, Licht- oder Wasserwerten. Unbedingt beim Einsetzen solcher Pflanzen beachten, dass die Bedingungen im häuslichen Becken denen im Becken des Händlers entsprechen. Die meisten Arten schätzen hellen Stand und regelmäßigen Wasserwechsel. Vermehrung durch Ausläufer.
● **Empfehlenswert:** Haertelscher Wasserkelch *(C. affinis)*, Walkers Wasserkelch *(C. walkeri)*
● **Ansprüche:** Temperatur 22 bis 28 °C, pH-Wert 6,5 bis 7,5, Karbonathärte 4 bis 12

Prachtvolle und gesunde Pflanzenbestände sind der Traum vieler Aquarianer.

Vallisneria (Vallisnerie)

Vallisneria-Arten (Vallisnerie)

Großwüchsige Arten, die vor allem als Hintergrundbepflanzung hoher Aquarien geeignet sind. Ihre Bestände breiten sich durch Ableger im Becken aus und müssen regelmäßig ausgedünnt werden. Bei Nährstoff- und Lichtmangel kümmern die Pflanzen und werden gelb. Vermehrung problemlos durch Ableger möglich.

● **Empfehlenswert:** Wasserschraube *(V. spiralis)*

● **Ansprüche:** Temperatur 20 bis 30 °C, pH-Wert 6,5 bis 7,5, Karbonathärte 5 bis 15

Echinodorus (Schwert- oder Amazonaspflanze)

Echinodorus-Arten (Schwert- oder Amazonaspflanze)

Gruppe von etwa 30 Aquarienpflanzen, die viel Licht brauchen. Großwüchsige Arten bilden dekorative Rosetten und müssen einzeln gepflanzt werden. Kleine grasartige Wuchsformen sind gruppenweise einzusetzen und dienen häufig zur Gestaltung des Vordergrundes. Vermehrung meist durch Ableger, selten durch Abtrennung von Seitensprossen oder Samen.

● **Empfehlenswert:** Breite Amazonaspflanze *(E. bleheri)*, Rötliche Amazonaspflanze *(E. osiris)*, Zwerg-Amazonaspflanze *(E. tenellus)*

● **Ansprüche:** Temperatur 22 bis 30 °C, pH-Wert 6,5 bis 7,8, Karbonathärte 2 bis 15

Limnophila (Sumpffreund)

Limnophila-Arten (Sumpffreund)

Schnell- und hochwüchsige Stängelpflanzen mit sehr feinen, mehrfach gefiederten Blättern in Quirlform. Im offenen Aquarium können sie über die Wasseroberfläche hinauswachsen (daher der Name). Bei mangelnder Beleuchtung neigen die Pflanzen zum Vergeilen (sie können emporschießen, blass und schlaff werden). Eisendüngung fördert die Entwicklung. Limnophila-Arten wirken optisch am besten, wenn man sie in kleinen Gruppen pflanzt. Vermehrung erfolgt durch Stecklinge.

● **Empfehlenswert:** Großblättriger Sumpffreund *(L. aquatica)*

● **Ansprüche:** Temperatur um 25 °C, pH-Wert 6 bis 7,5, Karbonathärte 5 bis 10

Ludwigia-Arten (Ludwigie)

Meist zierliche Sumpfpflanzen mit kriechenden Sprossen. Bildet bei intensiver Verzweigung schnell dichte Rasen. Bei schwacher Beleuchtung sind die Abstände zwischen den Blattverzweigungen sehr gestreckt. An den Blattknoten können sich neue Wurzeln bilden. Die Blattform hängt stark von der Beleuchtungsintensität ab: bei starkem Licht meist breit lanzettförmig, bei schwachem Licht länglich gestreckt. Relativ hoher Nährstoffbedarf. Beste optische Wirkung bei Pflanzung als kleine Gruppe in der Beckenmitte. Vermehrung durch Stecklinge, »Selbstverzweiger«.

● **Empfehlenswert:** Kriechende Ludwigie *(L. repens)*, Spitzblättrige Ludwigie *(L. arcuata)*

● **Ansprüche:** Temperatur 20 bis 30 °C, pH-Wert 6,0 bis 7,5, Karbonathärte 2 bis 15

Zu erwähnen sind auch Schwimmpflanzen, die manche Fische für den Nestbau, zur Eiablage oder als Versteckmöglichkeit nutzen. Da sie den am Boden lebenden Pflanzen das Licht rauben, sollte man nicht zu viele davon einsetzen.

Ludwigia (Ludwigie)

Das Einpflanzen

TIPP **Größere Aquarienpflanzen, die im Blumentopf verkauft werden, können Sie mit dem Topf in das Becken setzen. Das Pflanzloch im Boden dabei so tief ausheben, dass der obere Topfrand nicht allzu weit über den Bodengrund hinausragt.**

Vor der Bepflanzung kann es recht hilfreich sein, wenn man sich die geplante Raumaufteilung im Aquarium kurz skizziert. In den maßstabsgetreuen Grundriss des Beckens (Millimeterpapier!) zeichnet man zuerst die Lage der Dekorationselemente ein. Wenn die Position und Größe der Terrassen, großen Steine, Wurzeln und sonstigen Materialien eingetragen ist, lässt sich häufig besser erkennen, wie viel Fläche überhaupt noch für die Bepflanzung zur Verfügung steht. Anschließend legt man fest, an welcher Stelle des Beckens wie viele Pflanzen eingesetzt werden können. Dabei sollten stets einige grundsätzliche Regeln beachtet werden:

- Berücksichtigen Sie bei der Bepflanzung des Aquariums die voraussichtliche Endgröße der Pflanzen. Danach richtet sich, ob sie zur Gestaltung des Vorder-, des Mittel- oder des Hintergrundes geeignet sind. Für den Vordergrund sollten Kleinpflanzen vorgesehen werden, deren Endgröße etwa ¼ der Beckenhöhe nicht übersteigt. So erhalten die Fische genügend Schwimmraum. Großwüchsige Pflanzen gehören immer nach hinten oder an die Seiten des Beckens.

So lassen sich Wasserpflanzen einfach vermehren:
a – Adventivpflanzen
b – Stecklinge
c – Ableger

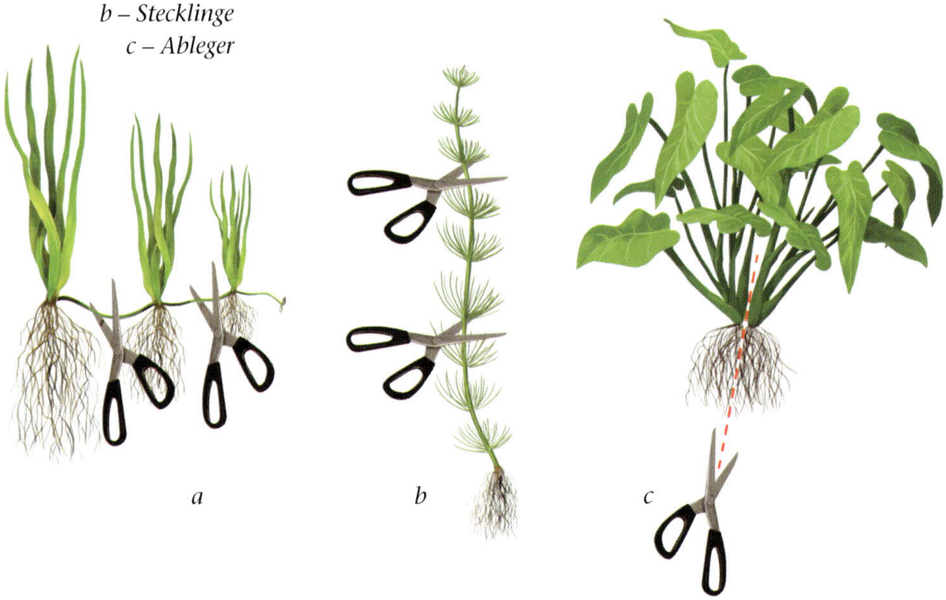

Beim Einsetzen der Pflanzen dürfen die Wurzeln nicht nach oben umgeknickt werden:
a – richtig
b – falsch

- Große, dekorative Einzelpflanzen brauchen Platz und müssen zur Beckengröße passen. Solche »Blickfänger« möglichst nicht unmittelbar ins Zentrum (»optische Symmetrie«), sondern etwas seitlich pflanzen.
- Stängelpflanzen wirken meist attraktiver, wenn sie in kleinen Gruppen gesetzt werden. Den Abstand dabei so wählen, dass sich die Blattspitzen der Pflanzen eben noch berühren.
- Schaffen Sie durch geschickte Anordnung der Pflanzen Farb- und Formkontraste, die das Aquarium optisch auflockern und interessanter machen.

Vor dem Einsetzen der Pflanzen müssen alle abgestorbenen und welken Blätter entfernt werden. Danach sind die Wurzelspitzen vorsichtig zurückzuschneiden, das regt ihre Neubildung an und fördert außerdem das Anwachsen der Pflanzen. Anschließend mit einem Finger oder Stöckchen vorsichtig ein Pflanzloch in den Boden stechen, dessen Durchmesser dem Umfang der Wurzel entspricht. Achten Sie beim Einsetzen der Pflanze darauf, dass die Wurzel senkrecht nach unten weist. Ihr Wachstumszentrum, also jene Stelle, an der die Blätter entspringen, sollte gerade noch aus dem Boden ragen. Abschließend den Bodengrund um die Wurzel herum gut festdrücken, damit Auftrieb und Strömung die Pflanze nicht wieder herausreißen.

Achtung

Mit den Wasserpflanzen schleppt man oft Laich unerwünschter Schnecken ins Aquarium. Schneckeneier lassen sich in Permanganatlösung (1 gestrichener Teelöffel auf 1 l Wasser) abtöten. Nach 30-minütigem Bad die Pflanzen gründlich unter fließendem Wasser abspülen.

Die Fische – Vielfalt an Formen und Farben

Der Reichtum ihrer Erscheinungsformen sowie die unterschiedlichen Verhaltensweisen der Fische machen das Hobby Aquaristik äußerst spannend und lohnend.

Viele Fische stammen heute aus Zuchtbetrieben. Das sorgt für eine gleichbleibend hohe Qualität und entlastet die Wildbestände in den natürlichen Gewässern.

Die Qual der Wahl

INFO **Anders als Hunde oder Hauskatzen, deren Formenreichtum durch Züchtung entstanden ist, lebt die Mehrzahl der Fischarten, die in Aquarien gehalten werden, ebenso in den natürlichen Gewässern.**

Von den weltweit über 23 000 bekannten Fischarten werden derzeit etwa 3500 in Aquarien gepflegt – eine große Anzahl, selbst wenn nicht jede davon für das eigene kleine Becken geeignet ist. Und jedes Jahr werden bei Expeditionen immer wieder neue »aquarientaugliche« Arten entdeckt.

Viele der bekannten Aquarienfische stammen aus Mittel- und Südamerika sowie aus Südostasien. Auch Fischarten aus Afrika und Australien werden in den letzten Jahren bei Aquarianern zunehmend beliebter. Vergleichsweise wenige Formen sind hingegen das Ergebnis planmäßiger Züchtungen, wie zum Beispiel die Varianten des Goldfisches oder Tiere mit auffallend verlängerten Flossen, die so genannten Schleierformen.

Gezielte Aquarienfischzucht

Um die natürlichen Fischbestände zu schonen und die Umwelt zu entlasten, vermehrt man heute möglichst viele Aqua-

Man schätzt, dass allein in Deutschland mehr als 35 Millionen Fische in Aquarien gepflegt werden. Darum ist ihre Zucht heute in vielen Ländern zu einem wichtigen Wirtschaftszweig geworden.

rienfische in spezialisierten Zuchtbetrieben. Dabei achtet man darauf, dass die gezüchteten Tiere ihren »natürlichen Vorbildern« in Gestalt und Färbung weitgehend entsprechen. Nicht selten haben die Nachzuchten sogar einige Vorteile. Ein besonders wichtiger ist, dass sie oft weniger empfindlich auf veränderte Umweltbedingungen reagieren als ihre Artgenossen in der freien Natur. Diese relative Unempfindlichkeit macht sie für viele Aquarien besonders geeignet.

INFO **Die häufig verwendete Bezeichnung Aquarienfisch hat keine Bedeutung im zoologischen Sinne. Sie meint lediglich, dass sich die betreffende Fischart auch im Aquarium halten lässt.**

Auswahlkriterien

Beim Kauf der Fische spielen mitunter persönliche Vorlieben für bestimmte Formen oder Farben eine nicht unwesentliche Rolle. Trotzdem sollte die Auswahl niemals nach Stimmung und Gefühl oder nach dem Aussehen eines Fisches allein getroffen werden. Sein Platzbedarf, besondere Ansprüche an Futter und Wasser sowie seine Verträglichkeit sind ebenso zu berücksichtigen. Je mehr man schon vor dem Kauf über den jeweiligen Fisch weiß, desto geringer wird die Gefahr eines Fehlschlages.

WICHTIG

Bei der Auswahl der Fische sollte berücksichtigt werden, ob der Aquarianer ein Erwachsener oder ein Kind ist: Für Kinder eignen sich versteckt in Höhlen lebende oder relativ scheue Arten erfahrungsgemäß nur wenig.

Eltern sollten vor dem Einkauf die Auswahl der Fische auch mit den Kindern besprechen, damit alle freude am neuen Aquarium haben.

Empfehlenswerte Fische

Die ersten Erfahrungen in der Pflege von Fischen sollte man am besten mit einfach zu pflegenden Arten sammeln. So genannte Anfängerarten verzeihen kleinere Fehler eher und sind zudem meist deutlich billiger, als anspruchsvolle Fische, wenn auch natürlich der Preis eines Fisches niemals ein Anhaltspunkt für seinen Wert sein darf! Maßgebend ist allein das Interesse, das Sie ihm entgegenbringen.

Salmler (Ordnung *Characiformes*)

Roter von Rio

Die Heimat der Salmler liegt in Mittel- und Südamerika sowie in Afrika. Für Aquarianer sind vor allem die kleinen und farbenprächtigen Arten, die sich oft schon in 60 bis 80 l großen Becken halten lassen, interessant.

Zumeist sind Salmler friedliche Plankton- oder Pflanzenfresser, die im Schwarm gehalten werden sollten. Einige Arten wie die Tigersalmler und die Piranhas ernähren sich räuberisch. Typisch für fast alle Fische dieser Gruppe ist die so genannte Fettflosse zwischen Rücken- und Schwanzflosse.

Salmler bevorzugen in der Regel nicht zu hartes, leicht saures Wasser und Temperaturen um 25 °C.

Roter von Rio *(Hyphessobrycon flammeus)*
Attraktive, etwa 4 cm große Art aus dem Gebiet um Rio, die beim Händler oft wenig von ihrer Farbenpracht ahnen lässt.

Der friedliche, anspruchslose Schwarmfisch ist ein Farbtupfer im Gesellschaftsaquarium. Gedämpftes Licht bringt die blutrote Afterflosse des Männchens am besten zur Geltung.

Für diesen Allesfresser, der auch recht willig Flockenfutter annimmt, genügt ein Becken von 60 cm Länge.

Diese Art lässt sich bei Temperaturen um 25 °C, pH 6,5 bis 7 und etwa 10 °d ohne Probleme halten.

Trauermantelsalmler

Trauermantelsalmler *(Gymnocorymbus ternetzi)*
Dieser interessante Fisch aus dem brasilianischen Mato-Grosso-Gebiet lässt sich problemlos im Aquarium halten.

Trauermantelsalmler werden kaum größer als 5 cm und sind nicht allzu schwimmaktiv, schon ein Becken von 60 cm

Länge ist ausreichend. Am besten hält man sie im kleinen Schwarm (etwa 6 bis 8 Tiere). Der Bodengrund darf nicht zu hell sein, sonst bleibt die Färbung der Tiere relativ blass.

Trauermantelsalmler sind Allesfresser, die sich nicht an Pflanzen vergreifen. Flockenfutter wird akzeptiert, sollte aber von Zeit zu Zeit durch Lebendfutter ergänzt werden.

Die Ansprüche an das Wasser sind gering, toleriert werden pH-Werte zwischen 6 und 8,5 sowie bis zu 30°d Wasserhärte.

Rotflossensalmler *(Aphyocharax anisitsi)*
Diese anspruchslose, lebhafte Art stammt aus dem Flußgebiet des Paraná in Argentinien und wird etwa 5 cm groß. Die Tiere sollten unbedingt im Schwarm gehalten werden, damit ihr munteres Wesen zur Geltung kommt.

Für die Ernährung des Allesfressers ist Flockenfutter geeignet. Bei guten Haltungsbedingungen können diese Fische bis zu 10 Jahre alt werden.

Rotflossensalmler haben nur geringe Ansprüche an die Wasserqualität, bei Temperaturen zwischen 20 und 28°C, pH 6 bis 8 und bis zu 30°d fühlen sie sich wohl.

Rotflossensalmler

Karpfenfische (Ordnung *Cypriniformes*)

Der Verbreitungsschwerpunkt der mehr als 2500 Arten liegt vor allem in den Süßgewässern Asiens, Nordamerikas und Europas. Neben wirtschaftlich bedeutenden Arten (zum Beispiel Karpfen) gehören auch einige der ältesten Zierfischarten (Goldfische und Kois) zu dieser Ordnung.

In der Mehrzahl sind es Allesfresser, die pflanzliche Nahrung bevorzugen. Ab und zu brauchen manche Arten jedoch auch tierische Nahrung als Beifutter, um gesund zu bleiben. Ausgesprochene Raubfische sind hier relativ selten zu finden.

Hinsichtlich der Temperatur haben fast alle Karpfenfische nur mäßige Ansprüche.

Goldfisch

Goldfisch *(Carassius auratus auratus)*

Erste Formen wurden in China schon vor 1000 Jahren aus dem Giebel gezüchtet. Heute gibt es zahlreiche Zuchtvarianten, die sich durch verschiedene Formen und Farbgebungen des Körpers sowie der Flossen unterscheiden.

Goldfische sind Allesfresser, die relativ große Aquarien brauchen. Diese sollten nur spärlich bepflanzt und sehr gut belüftet sein.

Das Wasser darf keinerlei Schwebstoffe enthalten, empfehlenswert sind pH-Werte um den Neutralpunkt. Im Sommer können Goldfische in den Gartenteich gesetzt werden, wenn die Wassertemperatur nachts nicht unter 15 °C absinkt. Im Aquarium wird diese verbreitete Art am besten bei Temperaturen zwischen 20 und 25 °C gehalten.

Zebrabärbling

Zebrabärbling *(Brachydanio rerio)*

Diese schwimmfreudigen Fische stammen ursprünglich aus Vorderindien. Sie brauchen viel Schwimmraum, Aquarien ab 80 cm Länge eignen sich für sie am besten. Man sollte sie nie einzeln, sondern immer nur in einem Schwarm von mindestens 6 bis 8 Tieren halten. Die Weibchen sind meist etwas dicker und größer als die Männchen.

Zebrabärblinge sind Allesfresser, die kaum größer als 5 cm werden.

An das Wasser stellen diese Tiere keine besonders hohen Anforderungen. Die Temperatur sollte um 25 °C liegen, regelmäßiger Wasserwechsel steigert ihr Wohlbefinden.

Sumatrabarbe *(Barbus tetrazona)*
Die ursprüngliche Heimat dieser genügsamen Fische, die mit sehr unterschiedlichen Wasserbedingungen zurechtkommen, ist die Inselwelt Indonesiens. Sie benötigen viel Schwimmraum und einen nicht allzu harten Bodengrund.

Sumatrabarben sollten immer im Schwarm gepflegt werden. Sie sind etwas verspielt, zupfen weniger schwimmaktiven Fischarten an den Flossen herum und können den ruhigeren Fischarten im Aquarium dadurch manchmal lästig werden.

Diese Fische schätzen eine abwechslungsreiche Kost sehr, die neben pflanzlicher Nahrung anteilig auch lebendes Futter enthalten muss. Sumatrabarben fressen verabreichtes Flockenfutter relativ hastig, also bevor es vollständig aufgequollen ist. Um Verdauungsprobleme zu vermeiden, sollte man Trockenfutter deshalb vorher kurz ins Wasser tauchen und für ungefähr 10 Sekunden anquellen lassen.

Bei Temperaturen um 25 °C, einem pH-Wert von 6,5 und nicht zu hartem Wasser (um 10 °d) hat man an diesem lebhaften Fisch meist sehr viel Freude.

Sumatrabarbe

Welse (Ordnung Siluriformes)

Weltweit verbreitete Ordnung mit mehr als 2400 Arten, darunter viele kleine »aquariengerechte« Formen.

Manche Welse verfügen über zusätzliche Atemorgane, mit denen sie Luftsauerstoff atmen können. Dazu schwimmen sie regelmäßig zur Oberfläche und nehmen dort Luft auf.

Besonders beliebt sind Schwielen-, Panzer- und Harnischwelse. Letztere fungieren oft als »Scheibenreiniger«.

Das Nahrungsspektrum der Welsarten ist breit gefächert, neben Allesfressern gibt es auf das Abweiden von Algenrasen spezialisierte Arten sowie räuberisch lebende Formen. Bei Futtermangel vergreifen sie sich manchmal an den Pflanzen im Becken. Vorbeugend kann man ihnen pflanzliche Zusatznahrung bieten, zum Beispiel überbrühten Salat.

INFO **Viele Welsarten sind nachtaktiv und können verhältnismäßig groß werden.**

Metallpanzerwels *(Corydoras aeneus)*

Dieser unauffällig gefärbte Wels stammt aus den Flußgebieten von Venezuela und Trinidad.

Die bis zu 7 cm langen Tiere, die man am besten in kleinen Trupps von 5 bis 6 Tieren hält, suchen im Aquarium unermüdlich nach Fressbarem und werden recht zutraulich. Obwohl diese Allesfresser die Futterreste anderer Fische verwerten, brauchen sie natürlich auch eigene Nahrung.

Achtung: An scharfkantigem Kies verletzen sich die Tiere leicht die Barteln.

Hinsichtlich der Wasserqualität ist diese Art sehr anspruchslos, Temperaturen zwischen 20 und 26 °C, pH 6 bis 8 und 5 bis 25 °d Härte sind möglich.

Metallpanzerwels

Punktierter Panzerwels *(Corydoras paleatus)*

Die Ansprüche dieses Welses, der aus Flüssen Südostbrasiliens stammt, entsprechen weitgehend den Bedürfnissen der vorher beschriebenen Art. Auch er bevorzugt klares, sauberes Wasser, häufiger Wasserwechsel steigert sein Wohlbefinden. Sogar kühle Temperaturen um 18 °C erträgt er vorübergehend (2 bis 3 Wochen).

Die dämmerungsaktiven Tiere sollten möglichst erst kurz vor Ausschalten des Lichts gefüttert werden. Ihr rastloses Treiben macht nahezu alle Welsarten schnell zu den Lieblingen des Aquarienbesitzers, denn wo sie sind, ist immer »etwas los«.

Bürstennasenwels *(Ancistrus temminckii)*
Südamerikanische Welsart, bei der beide Geschlechter gut zu unterscheiden sind. Erwachsene Männchen tragen bürstenartige Tentakel auf dem Kopf (daher der Name).

Diese recht friedliche Art kann man auch in kleineren Aquarien von 80 cm Länge halten. Für ihr Wohlbefinden sollten Kienholzwurzeln im Becken vorhanden sein. Aus Wurzeln und Steinen baut man am besten kleine Höhlen.

Die Tiere weiden Algenrasen ab, Flockenfutter wird akzeptiert. Ergänzend gibt man dazu zerquetschte Erbsen als Beifutter.

Das Wasser sollte um pH 6,5 liegen, 21 bis 25 °C warm sein und nicht über 25 °d Härte aufweisen.

WICHTIG
Da Lebendgebärende Zahnkarpfen sehr vermehrungsfreudig sind, müssen Sie den Bestand ab und zu reduzieren, sonst kommt es zu Überbesatz im Becken. Dadurch verringert sich oft das Wachstum, die Fische bleiben relativ klein.

Lebendgebärende Zahnkarpfen (Ordnung *Cyprinodontiformes)*

Alle Arten dieser Ordnung bringen lebende Junge zur Welt. Mittels umgebildeter Afterflossen befruchten die Männchen die Eier im Mutterleib. Weibchen sind oft deutlich größer als Männchen. Ihre leichte Züchtbarkeit und die Vielfalt der möglichen Varianten haben zahlreiche Arten zu beliebten Aquarienfischen gemacht.

Ursprünglich waren lebendgebärende Zahnkarpfen nur in Mittel- und Südamerika verbreitet. Da manche Arten Mücken vertilgen, setzte man sie in tropischen Gebieten zur Bekämpfung von Malaria und Gelbfieber aus.

Die meisten Arten sind friedliche Allesfresser, die problemlos vergesellschaftet werden können und geringe Ansprüche an das Wasser stellen.

Platy oder Spiegelkärpfling *(Xiphophorus maculatus)*
Ähnlich wie die beiden vorherigen Arten stellen auch die Platies keine besonderen Ansprüche an das Wasser und können selbst in kleinen Becken gehalten werden. Wegen ihrer Farbenvielfalt hat man sie häufig für Züchtungsversuche verwendet. Der Platy wird etwa so groß wie der Guppy, wirkt aufgrund seiner Körpergestalt aber wesentlich kräftiger. Auch Platies sind Allesfresser, die zwar Flockenfutter annehmen, von Zeit zu Zeit jedoch Lebendnahrung brauchen. Das Aquarium sollte gut bepflanzt sein.

Platy oder Spiegelkärpfling

Guppy *(Poecilia reticulata)*

Eine der beliebtesten Aquarienfischarten! War er ursprünglich von Mittelamerika bis Brasilien heimisch, so stammen heute nahezu alle Tiere in den Aquarien aus Nachzuchten.

Die Weibchen erreichen bis zu 6 cm Länge, Männchen werden nur halb so groß. Diesen ausdauernden Fisch kann man in fast jedem Aquarium pflegen.

Prachtguppy

Die Weibchen können alle 4 bis 6 Wochen etwa 20 bis 60 Junge zur Welt bringen, denen sie häufig nachstellen. Dichter Bewuchs mit feinfiedrigen Pflanzen bietet den Jungfischen guten Schutz.

Die Ernährung sollte aber abwechslungsreich sein und auch Lebendfutter umfassen.

Der Guppy erträgt Temperaturen von 18 bis 28 °C, pH-Werte von 6,5 bis 8,5 und Wasserhärten von 10 bis 30 °d.

Schwertträger *(Xiphophorus helleri)*

Diese attraktive Art ist leicht zu pflegen und lässt sich problemlos mit anderen Fischarten vergesellschaften. Männchen und die etwas kräftiger wirkenden Weibchen sind annähernd gleich groß. Im ausgewachsenen Zustand lassen sich die Männchen an einer schwertartigen Verlängerung der Schwanzflosse leicht erkennen (daher der Name).

Schwertträger

Das Futter der Schwertträger sollte hochwertig sein und anteilig auch Lebendfutter, vor allem Mückenlarven, beinhalten. Diese Art hat ähnliche Ansprüche an das Wasser wie der Guppy.

Labyrinthfische (Unterordnung *Anabantoidei*)

Fast alle dieser rund 80 Arten sind für das Aquarium interessant (einige sind auch ohne größere Probleme vom Anfänger zu pflegen). Sie leben in Südostasien sowie in Süd- und Westafrika. Die Bezeichnung stammt von einem speziellen Atmungsorgan, mit dem die Tiere zusätzlich Luft atmen können. Das ist notwendig, weil sie häufig in sauerstoffarmen Gewässern leben. Ohne die zusätzliche Atmung ertrinken die Tiere.
Manche Arten haben interessante Brutpflegemethoden entwickelt: Einige fertigen Schaumnester aus Luftblasen an, in die zusätzlich Pflanzenteile eingebaut sein können. Andere legen ihre Nester in Höhlen an oder sind Maulbrüter.

Dicklippiger Fadenfisch *(Colisa labiosa)*

Friedliche und ruhige Art, die sich für Gesellschaftsaquarien sehr gut eignet. Das Becken sollte gut bepflanzt und der Boden nicht zu hell sein.

Mit Flockenfutter lassen sich die bis zu 8 cm großen Allesfresser meist problemlos aufziehen, von Zeit zu Zeit sollten jedoch Lebendfutter und Pflanzennahrung den Speiseplan ergänzen.

Leicht saures Wasser (pH 6 bis 7,5) mit 5 bis 10 °d Gesamthärte wird besonders geschätzt. Die Temperatur muss um 25 °C liegen, bei höheren Temperaturen (um 28 °C) beginnt das Männchen mit dem Schaumnestbau.

Dicklippiger Fadenfisch

Mosaikfadenfisch *(Trichogaster leeri)*

Diese wunderschöne Art stammt von den Inseln Borneo, Malaysia und Sumatra. Dort lebt sie meist in Flüssen, die stark mit Pflanzen zugewachsen sind. Die Art ist sehr friedlich und sollte deshalb nicht mit streitlustigen Fischarten vergesellschaftet werden.

Auf abwechslungsreiches Futter ist natürlich auch bei diesem Allesfresser besonders zu achten. Flockenfutter wird willig angenommen, zusätzliche Gabe von Lebend- und Pflanzenfutter fördert das Wohlbefinden.

Mosaikfadenfische sind sehr ausdauernd und tolerieren Wasser mit pH-Werten zwischen 6,5 und 8,5 sowie Härten von 5 bis 30 °d. Allerdings darf die Temperatur nicht unter 20 °C absinken, günstiger sind 25 °C.

Mosaikfadenfisch

Blauer Fadenfisch *(Trichogaster trichopterus)*

Diese Art ist in Südostasien weit verbreitet. Wahrscheinlich einer der widerstandsfähigsten Fische, die in Aquarien gehalten werden.

Da es sich um eine relativ hungrige Art handelt, ist sie für Kinder wahrscheinlich weniger gut geeignet.

Fast jede Nahrung wird angenommen. Trotzdem darf man natürlich nur qualitativ hochwertiges Futter geben.

Die robusten Tiere fressen sogar einige unangenehme Würmer (Parasiten), die mit dem Lebendfutter ins Becken gelangen können.

Wasserwerte sind für diese Art nahezu ohne Bedeutung, wenn die Temperatur nicht unter 22 °C absinkt.

Blauer Fadenfisch

Buntbarsche (Familie *Cichlidae*)

Diese Familie umfasst mehr als 1300 Arten und ist vor allem in Afrika und Asien sowie in Süd- und Mittelamerika verbreitet. Viele Cichliden-Arten sind bei Aquarianern äußerst beliebt, weil sie farbenprächtig sind und ein hochinteressantes Brutpflege- und Sozialverhalten aufweisen. Sie besetzen Laichreviere, gründen Familien und pflegen ihren Nachwuchs hingebungsvoll. Cichliden sind meist Raubfische, die hochwertiges Lebendfutter benötigen. Manche Arten stellen besondere Ansprüche an die Wasserwerte. Nicht alle Arten sind für Gesellschaftsaquarien geeignet, weil sie relativ unverträglich sein können. Fragen Sie darum den Händler beim Kauf, ob die jeweiligen Tiere zu Ihren anderen Fischen passen.

Purpurprachtbarsch

Purpurprachtbarsch *(Pelvicachromis pulcher)*
Dieser bis 8 cm große, wunderschön gefärbte Cichlide ist recht friedlich. Oft sind die Männchen etwas größer und haben länger ausgezogene Flossen. Laichwillige Paare – in dieser Zeit sind die Tiere manchmal etwas unverträglich – besetzen Reviere, in denen sich Höhlen (etwa Kokosnussschalen oder umgestülpte Blumentöpfe) befinden sollten. Das Becken sollte nicht zu klein (etwa 80 cm Länge) und gut bepflanzt sein sowie ausreichend Schwimmraum bieten.

Purpurprachtbarsche akzeptieren zwar Flockenfutter, schätzen aber abwechslungsreiches Lebendfutter wesentlich mehr. Mittelhartes (um 10 °d), leicht saures (pH 6,5), um 25 °C warmes Wasser behagt den Tieren am meisten.

Regenbogencichlide

Regenbogencichlide *(Herotilapia multispinosa)*
Dieser aus Mittelamerika stammende Fisch ist relativ friedlich und wühlt kaum im Boden. Das Becken sollte viele Verstecke (Steine, Wurzeln, Kokosnussschalen, umgestülpte Blumentöpfe) bieten. Da es sich um eine robuste Fischart handelt, möglichst widerstandsfähige Pflanzen einsetzen. Je nach Stimmung kann die Färbung der Fische wechseln.

Fütterung nach Möglichkeit mit abwechslungsreichem Lebendfutter, pflanzliche Beikost ist empfehlenswert. Trockenfutter wird akzeptiert, wenn es nicht zu feinkörnig ist.

Wasserwerte um 26 °C, 5 bis 10 °d Härte und ein pH um 7 behagen dieser Art am meisten.

Afrikanischer Schmetterlingsbuntbarsch *(Anomalochromis thomasi)*

Revierbildende, jedoch sehr friedliche Cichlidenart. Die um 8 cm großen Fische schätzen zwar dichte Bepflanzung, brauchen aber auch Schwimmraum. Aus Steinen und Wurzeln einzelne Höhlen gestalten.

Lebendfutter, pflanzliche Beikost und Flockenfutter. Temperatur um 26 °C , weiches (7–9 °d) und leicht saures Wasser (pH 6,5). Beckenlänge etwa 70–80 cm.

INFO

Geschlechtsreife Schmetterlingsbuntbarsche leben paarweise zusammen und laichen willig auf flachen Steinen im Gesellschaftsbecken. Beide Elterntiere pflegen die Eier (bis zu 500 Stück!) gemeinsam.

Segelflosser oder Skalar *(Pterophyllum scalare)*

Ihr Aussehen und ihr ruhiges, fast majestätisches Dahingleiten im Wasser hat diese friedfertige Art zu einem beliebten Aquarienfisch gemacht. Skalare brauchen, ihrer Größe entsprechend, relativ hohe Becken mit ausreichend Schwimmraum.

Flockenfutter wird genommen, besser ist jedoch abwechslungsreiches Lebendfutter.

Weiches (um 5 °d), schwach saures Wasser (pH 6,5) schätzen die Tiere besonders. Bei Temperaturen zwischen 26 und 28 °C fühlen sich Segelflosser am wohlsten.

Segelflosser oder Skalar

SPECIAL

Besetzungstipps und Einrichtungsbeispiele

Es gibt zahllose Möglichkeiten, wie man ein Aquarium einrichten kann. Während einige Aquarianer vor allem die Herkunftsgebiete der Fische berücksichtigen, ist anderen die dekorative Wirkung des Beckens wichtig. Sie pflegen eine bunte Gesellschaft von Fischen und Pflanzen im Aquarium, die es in der Natur so nie geben würde. Für beide Auffassungen sind einleuchtende Argumente zu finden. Wenn ihre Lebensansprüche erfüllt werden, ist es den Fischen und Pflanzen nahezu egal, mit wem sie den Lebensraum teilen. Die Einrichtung eines Aquariums ist darum auch eine Frage des persönlichen Geschmacks.

Einrichtungsvorschlag 1

Gesellschaftsbecken mit ausreichend Schwimmraum für lebhafte und schwimmfreudige Fische.

Die Arten wurden unabhängig von ihrer geographischen Herkunft zusammengestellt. Das Aquarium ist für Kinder und Jugendliche besonders geeignet, weil bewegungsaktive Fische wahrscheinlich stärkeres Interesse bei ihnen finden.

❶ *Echinodorus amazonicus*, ❷ *Echinodorus parviflorus;* ❸ *Echinodorus latifolius*, ❹ *Echinodorus tenellus*, ❺ *Myriophyllum aquaticus*, ❻ *Vallisneria spiralis*, ❼ *Vesicularia dubyana*

Größe des Aquariums: 80 × 40 × 40 cm
Beleuchtung: 2 Leuchtstoffröhren von je 20 W (verstärkter Rotlichtanteil)
Heizung: geregelter Stabheizer 40 W (bei etwa 21 °C Raumtemperatur)
Bodengrund: 6,5 l nährstoffreicher Sand, 10 l grober Kies (4 bis 5 mm Korngröße), 3,5 l feiner Kies (2 mm Korngröße)
Dekoration: 1 mittlere Wurzel, etwa ⅙ der Bodenfläche 5 cm erhöht als Terrasse gestaltet, 8 bis 10 mittelgroße Steine
Filterung: Innenfilter passender Größe (etwa 100 bis 120 l/h Umwälzleistung)
Wasserwerte: Temperaturen 24 bis 26 °C, pH-Werte um 7, 10 bis 15 °d Gesamthärte

Bepflanzung

Pflanzenart	Anzahl
Amazonasschwertpflanze *(Echinodorus amazonicus)*	1
Schwarze Amazonaspflanze *(Echinodorus parviflorus)*	4
Breitblättrige Amazonaspflanze *(Echinodorus latifolius)*	7
Grasartige Schwertpflanze *(Echinodorus tenellus)*	25
Brasilianisches Tausendblatt *(Myriophyllum aquaticus)*	4
Gewöhnliche Wasserschraube *(Vallisneria spiralis)*	35
Javamoos *(Vesicularia dubyana)*	1 Portion

Fischbesatz

Fischart	Anzahl
Zebrabärbling *(Brachydanio rerio)*	10
Sumatrabarbe *(Barbus tetrazona)*	10
Platy *(Xiphophorus maculatus)*	9 (davon 6 Männchen)
Guppy *(Poecilia reticulata)*	12 (davon 9 Männchen)
Metallpanzerwels *(Corydoras aeneus)*	6

SPECIAL

Einrichtungsvorschlag 2

Südamerikanisches Salmlerbecken mit ausgewogenem Verhältnis von Schwimmraum und Versteckmöglichkeiten.

Bei der Zusammenstellung der Pflanzen- und Fischarten wurde die geographische Herkunft weitgehend berücksichtigt. Diese Auswahl gestattet interessante Einblicke in die ebenso arten- wie abwechslungsreiche Fischwelt der südamerikanischen Gewässer.

Größe des Aquariums: 120 × 50 × 50 cm
Beleuchtung: 2 Leuchtstoffröhren von je 80 W (verstärkter Rotlichtanteil)
Heizung: geregelter Stabheizer 40 W (bei etwa 21 °C Raumtemperatur)
Bodengrund: 15 l nährstoffreicher Sand, 20 l grober Kies (4 bis 5 mm Korngröße), 8 l feiner Kies (2 mm Korngröße)
Dekoration: 1 große Wurzel, etwa ¼ der Bodenfläche 5 bis 6 cm erhöht als Terrasse gestaltet, 12 bis 14 verschieden große Steine, eine halbierte Kokosnussschale
Filterung: Außenfilter passender Größe (etwa 250 bis 300 l/h)
Wasserwerte: Temperatur um 25 °C, pH-Wert um 6,5, Gesamthärte 2 bis 10 °d

Bepflanzung

Pflanzenart	Anzahl
Amazonasschwertpflanze *(Echinodorus amazonicus)*	2
Schwarze Amazonaspflanze *(Echinodorus parviflorus)*	6
Breitblättrige Amazonaspflanze *(Echinodorus latifolius)*	8
Grasartige Schwertpflanze *(Echinodorus tenellus)*	35
Brasilianisches Tausendblatt *(Myriophyllum aquaticus)*	8
Gewöhnliche Wasserschraube *(Vallisneria spiralis)*	50
Haertelscher Wasserkelch *(Cryptocoryne affinis)*	15
Genoppter Wasserkelch *(Cryptocoryne balansae)*	5
Javamoos *(Vesicularia dubyana)*	1 Portion

❶ *Echinodorus amazonicus*, ❷ *Echinodorus parviflorus*, ❸ *Echinodorus latifolius*, ❹ *Echinodorus tenellus*, ❺ *Myriophyllum aquaticus*, ❻ *Vallisneria spiralis*, ❼ *Vesicularia dubyana*, ❽ *Cryptocoryne affinis*, ❾ *Cryptocoryne balansae*

Fischbesatz

Fischart	Anzahl
Roter von Rio *(Hyphessobrycon flammeus)*	25
Rotflossensalmler *(Aphyocharax anisitsi)*	30
Trauermantelsalmler *(Gymnocorymbus ternetzi)*	20
Purpurprachtbarsch *(Pelvicachromis pulcher)*	4
Metallpanzerwels *(Corydoras aeneus)*	6
Punktierter Panzerwels *(Corydoras paleatus)*	6
Bürstennasenwels *(Ancistrus temminckii)*	4

SPECIAL

Einrichtungsvorschlag 3

Südostasiatisches Becken mit relativ dichtem Pflanzenbewuchs, das sich vor allem für Labyrinthfische eignet. Diese Einrichtung ist für alle Aquarianer empfehlenswert, die Ruhe und Entspannung im Hobby suchen.

Größe des Aquariums: 60 × 40 × 40 cm
Beleuchtung: 2 Leuchtstoffröhren von je 20 W (verstärkter Rotlichtanteil)
Heizung: geregelter Stabheizer 30 W (bei etwa 21 °C Raumtemperatur)
Bodengrund: 5 l nährstoffreicher Sand, 6 l grober Kies (4 bis 5 mm Korngröße), 1,5 l feiner Kies (2 mm Korngröße)
Dekoration: 1 kleine Wurzel, 5 bis 6 mittelgroße Steine
Filterung: Innenfilter passender Größe (etwa 60 bis 80 l/h Umwälzleistung)
Wasserwerte: Temperatur 25 bis 28 °C, pH-Wert 6,5, 10 °d Gesamthärte

Bepflanzung

Pflanzenart	Anzahl
Schwarze Amazonaspflanze *(Echinodorus parviflorus)*	5
Breitblättrige Amazonaspflanze *(Echinodorus latifolius)*	7
Grasartige Schwertpflanze *(Echinodorus tenellus)*	25
Brasilianisches Tausendblatt *(Myriophyllum aquaticus)*	4
Gewöhnliche Wasserschraube *(Vallisneria spiralis)*	30
Haertelscher Wasserkelch *(Cryptocoryne affinis)*	15
Javamoos *(Vesicularia dubyana)*	1 Portion
Teichlebermoos *(Riccia fluitans)**	1 Büschel

❶ *Cryptocoryne affinis*, ❷ *Echinodorus parviflorus*, ❸ *Echinodorus latifolius*, ❹ *Echinodorus tenellus*, ❺ *Myriophyllum aquaticus*, ❻ *Vallisneria spiralis*, ❼ *Vesicularia dubyana*

* Schwimmpflanze zur Abdeckung eines Teils der Oberfläche

Fischbesatz

Fischart	Anzahl
Dicklippiger Fadenfisch *(Colisa labiosa)*	4
Mosaikfadenfisch *(Trichogaster leeri)*	4

Fischart	Anzahl
Zebrabärbling *(Brachydanio rerio)*	8
Metallpanzerwels *(Corydoras aeneus)*	6

Die Fische ziehen ein

TIPP **Jeder Neukauf von Fischen birgt gewisse Risiken in sich, etwa das Einschleppen von Krankheiten. Deshalb sollte man neue Tiere etwa 1 Woche in »Quarantäne« halten, bevor sie in das Aquarium kommen. Ein kleines Vollglasbecken ohne Einrichtung (gut belüftet!) reicht dafür völlig aus.**

Wenn nach etwa 1 Woche die Pflanzen angewachsen sind und die technische Ausrüstung einwandfrei funktioniert, kann es endlich losgehen! Der Fischkauf ist immer Vertrauenssache, darum sollte man die Tiere nach Möglichkeit beim qualifizierten Fachhändler erwerben.

Nur gesunde und kräftige Fische kaufen

Sehen Sie sich die Fische genau an, bevor Sie sich zum Kauf entschließen. Worauf Sie besonders achten sollten, sagt Ihnen die nachstehende Übersicht.

ACHTUNG
Bemerken Sie kranke oder sogar tote Fische im Becken des Händlers, sollten Sie vom Kauf besser Abstand nehmen.

Kriterien für die Fischauswahl

Gut	Schlecht
Alle Fische haben in etwa die gleiche Größe	Die Fische zeigen auffällige Größenunterschiede
Erscheinungsbild einwandfrei: ● Flossen aufgerichtet und nicht ausgefranst ● Schuppen sind vollständig	Erscheinungsbild mangelhaft: ● Flossen eng an den Körper gepresst, zusammengefallen oder stark beschädigt, ● Schuppen fehlen
Augen glänzend und klar	Augen trübe
Haut und Schuppen makellos blank und glänzend, ohne erkennbare Schäden, Schuppen liegen eng an	Haut mit milchigem Belag oder Verletzungen, Geschwüre oder griesige Punkte, Schuppen abgespreizt
Bauchlinie gleichmäßig gerundet	Eingefallene oder aufgetriebene Bäuche
Schwimmbewegungen und Verhalten der Tiere sind arttypisch normal	unnormales Schwimmen oder die Fische hängen lethargisch im Becken

TIPP **Rührige Vereine organisieren gelegentlich Zierfischbörsen. Dort bieten erfahrene Aquarianer sehr günstig eigene Nachzuchten an. Gratis bekommen Sie dazu meist noch wertvolle Pflegetipps.**

Blasse Farben deuten nicht immer auf eine mangelhafte Qualität der Fische hin. Im Handel werden oft noch nicht voll ausgefärbte Jungfische angeboten, der Stress im Verkaufsbecken kommt noch hinzu.

Einige Fischarten müssen im Schwarm gehalten werden, damit sie sich wohl fühlen. Dessen Größe hängt von der Beckengröße ab. Generell gilt: lieber weniger Arten, dafür jedoch in der richtigen Menge kaufen. Auch Paare stellt man nicht willkürlich zusammen. Die geeigneten Partner sollten sich besser selbst aus einer kleinen Gruppe heraus zusammenfinden. Der »Pärchenkauf« ist eine weit verbreitete Unsitte: Geschlechtsunterschiede sind bei Jungfischen nur selten erkennbar. Längst nicht alles, was einem als »Pärchen« verkauft wird, ist wirklich geeignet, später ein Paar zu werden.

Einige Fischarten kommen nur im Schwarm richtig zur Geltung und sollten darum auch immer als größere Gruppe in das Aquarium gesetzt werden.

Der richtige Heimtransport

Nur korrekt verpackt überstehen die Tiere den Transport unbeschadet. Versierte Händler verwenden geeignete Plastikbeutel, die etwa zu ¼ mit Wasser aus dem Verkaufsbecken gefüllt werden. Sobald die Fische im Beutel sind, wird er mit reinem Sauerstoff aufgefüllt und luftdicht verschlossen. Diese Sauerstoffglocke reicht für mehrere Stunden oder sogar Tage. Vor längeren Transporten sollten die Fische einige Tage fasten, um ihren Darm zu entleeren. Ausscheidungen verunreinigen das Wasser im Beutel und wirken sauerstoffzehrend.

Das Wasser im Beutel muss dieselbe Temperatur haben wie das im Aquarium, damit die Fische keinen Schaden erleiden. Dazu lässt man den Beutel so lange im Becken schwimmen, bis das Wasser dessen Temperatur angenommen hat – ½ Stunde dürfte dafür in der Regel genügen.

Bevor man die Fische in das neue Aquarium setzt, lässt man etwas von dessen Wasser vorsichtig in den Beutel fließen, um die Fische langsam an die neuen Verhältnisse zu gewöhnen. Empfindliche Arten könnten beim abrupten Wechsel schockartige Reaktionen zeigen. Erst nach dieser Vorbereitung dürfen die Fische in das Becken entlassen werden. Beobachten Sie das Verhalten der Tiere jetzt besonders genau: Die ersten gehen schon bald auf »Entdeckungsreise«. Die Fische sollten etwa 2 Stunden Eingewöhnungszeit haben, bevor sie zum ersten Mal sparsam gefüttert werden.

WICHTIG

Beim Transport der Fische darf die Wassertemperatur nicht zu stark absinken. Styroporboxen und Thermosbehälter bieten durch ihre isolierende Wirkung guten Schutz.

Das richtige Futter

ACHTUNG
Fettreiche Nahrung macht die Fische träge und führt schnell zur Verfettung der Leber.

Eine wichtige Frage ist wohl für jeden Aquarianer die Wahl des »richtigen« Futters. Dabei sind Frische, Zusammensetzung, Herkunft und Abwechslungsreichtum des Futters wichtig. Außerdem ist ganz wesentlich:

- Das Futter muss alles enthalten, was der Fisch zum Leben braucht:
  – Nährstoffe (Kohlenhydrate, Eiweiße, Fette)
  – Mineralien und Ballaststoffe
  – Vitamine

- Das Futter muss diese Stoffe in einer Form enthalten, die der Fisch verarbeiten kann. Raubfische etwa können pflanzliche Nahrung kaum verwerten. Für Pflanzenfresser ist sie hingegen lebenswichtig.

WICHTIG
Die meisten Fische schwimmen bald von selbst zur Futterstelle, wenn Sie sich dem Aquarium nähern. Lassen Sie sich durch dieses Verhalten nicht dazu verleiten, »außer der Reihe«, also übermäßig zu füttern!

Zu berücksichtigen ist auch, dass sich der Futterbedarf der Fische mit dem Alter oder zu bestimmten Zeiten ändern kann. Jungfische brauchen andere Nahrung als geschlechtsreife Tiere, die jedoch vor dem Laichen besonders hohe Ansprüche stellen. Deshalb ist es wichtig, abwechslungsreich zu füttern. Einseitige Ernährung fördert die Anfälligkeit für Krankheiten.

Die Zusammensetzung der Eiweiße im Futter sollte ausgewogen sein.

ACHTUNG
Beachten Sie bei Flockenfutter das Verfallsdatum. Überlagertes Flockenfutter nicht mehr verfüttern! Die enthaltenen Substanzen sind ein guter Nährboden für viele schädliche Schimmelpilze und Bakterien.

Flockenfutter

Dieses künstlich hergestellte Futter, das in vielen Zubereitungsvarianten angeboten wird, ist heute wahrscheinlich am weitesten verbreitet.

Gutes Flockenfutter ist auf den Bedarf der Fische weitgehend abgestimmt und enthält viele lebenswichtige Substanzen sogar im Überschuss (zum Beispiel einige Vitamine). Es lässt sich einfach verwenden und wird für nahezu alle Aquarienfischarten angeboten. Trotzdem sollte man die Tiere nicht ausschließlich mit Flockenfutter ernähren, weil es auch einige Nachteile aufweist:

- Manche Inhaltsstoffe sind verändert und deshalb schwer verdaulich. Die Hersteller beugen vor und orientieren sich am maximalen Bedarf, selbst wenn nicht alles vom Fisch benötigt wird.
- Modernes Flockenfutter trübt zwar das Wasser kaum noch, belastet es aber trotzdem.
- Auch ein regelmäßiger Wechsel zwischen verschiedenen Flockenfuttersorten sichert noch keine ausgewogene Ernährung!

Flockenfutter sind Konzentrate. Manche quellen im Wasser innerhalb weniger Sekunden auf das Drei- bis Vierfache der Ausgangsgröße auf. Für die meisten Fischarten genügt diese Zeit vollkommen, um die Flocken in gequollenem Zustand aufzunehmen. Bei hastig fressenden Fischen sollte man das Futter jedoch vorher etwas anquellen lassen, indem man es kurz ins Wasser taucht, denn es droht Verstopfungsgefahr, wenn das Futter erst im Darm quillt.

Die Fütterung ist eine sehr gute Möglichkeit, um den Zustand der Fische im Aquarium zu kontrollieren.

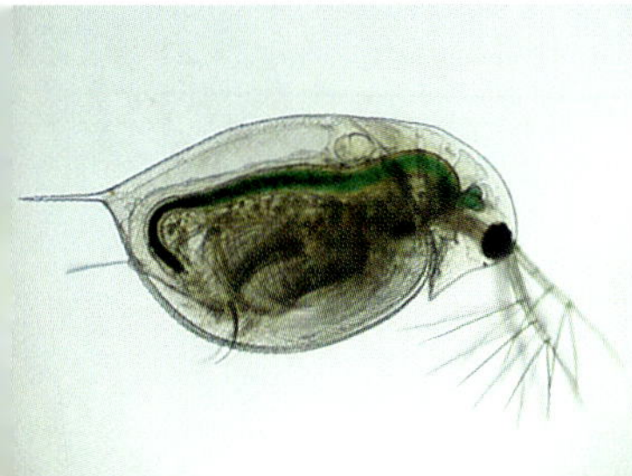

Wasserfloh

Artemia salina

Rote Mückenlarven

Lebendfutter

Lebendes Futter entspricht der natürlichen Nahrung der meisten Fischarten wohl am ehesten. Es enthält sehr viele Nährstoffe sowie lebenswichtige Substanzen in verwertbarer Form und stimuliert außerdem noch das Jagdverhalten der Tiere. Man kann es selbst mit einem engmaschigen Kescher in kleinen Tümpeln oder Feuerlöschteichen fangen. Beachten Sie dabei aber die Nutzungsrechte an diesen Gewässern. Gegebenenfalls sollten Sie vorher beim Eigentümer um Erlaubnis fragen, damit Sie sich Schwierigkeiten ersparen.

Mit Lebendfutter werden aber manchmal auch Krankheiten in das Aquarium eingeschleppt. Darum darf es nie aus verschmutzten oder belasteten Gewässern stammen. Vor allem fettreiche Futtertiere speichern Pflanzenschutzmittel und Insektizide (auch PCB) in ihrem Fettgewebe und sollten deshalb nicht allzu häufig verfüttert werden.

Tote Futtertiere müssen entfernt werden, bevor man das Lebendfutter ins Aquarium gibt. Man schüttet dazu das Lebendfutter in eine runde Schüssel mit sauberen Wasser und rührt das Wasser um – die toten Tiere konzentrieren sich dann in der Schüsselmitte und können mit einem Schlauch abgesaugt werden.

Lebendfutter und seine Verwendung

Auch bei Lebendfutter immer nur so viel geben wie in kurzer Zeit aufgenommen wird. Zudem sollte es zum Zeitpunkt des Verfütterns auch wirklich lebendig sein, denn tote Futtertiere belasten ebenfalls das Wasser.

● **Infusorien:** Dazu zählt man Kleinstlebewesen, wie zum Beispiel Pantoffeltierchen und andere Einzeller, die im Heuaufguß leben. Infusorien dienen zum Anfüttern des Nachwuchses einiger Fischarten.

● **Artemia-Nauplien:** Larven vom Salinenkrebs, die man als Eier kauft und in einer Salzlösung (jodfreies Salz verwenden) zum Schlupf bringt. Artemia-Nauplien sind ein recht gutes und häufig verwendetes Standardfutter für den Nachwuchs der meisten Fischarten.

● **»Mikro« (Essigälchen):** kleine Fadenwürmer von 1 bis 2 mm Länge, die in speziellen Kulturen herangezogen und an junge Fische verfüttert werden können.

● **Enchyträen:** weißliche Ringelwürmer von etwa 6 bis 10 mm Länge, die in Kultur leicht aufzuziehen sind. Werden gern gefressen, sollten aber wegen ihres hohen Fettgehaltes nicht allzu häufig auf den Speiseplan kommen.
● **Tubifex:** intensiv rot gefärbte Ringelwürmer, die in großen Kolonien stark verschmutzte Bäche besiedeln. Nach Aufenthalt in sauberem Wasser (zur Reinigung, etwa 24 Stunden lang) als Futter für größere Fische verwendbar, für kleinere Arten müssen sie mit einer Rasierklinge »mundgerecht« zerkleinert werden.
● **»Wasserflöhe«:** Der Name ist irreführend, denn es handelt sich nicht um Insekten, sondern um kleine Krebstiere. Sie werden von vielen Fischarten gern genommen, sind jedoch arm an Nährstoffen. Als Alleinfutter sind sie deshalb nicht auf Dauer geeignet.
● **Hüpferlinge:** Gruppe von Krebstieren, die sich ruckartig »hüpfend« im Wasser fortbewegen. Sie stellen in der Natur das Standardfutter vieler Fischarten dar. Energie- und nährstoffreich, bestimmte Inhaltsstoffe fördern auch die Färbung der Fische.
● **Schwarze Mückenlarven:** Larven der Stechmücken. Leben oberflächennah in vielen natürlichen Gewässern. Durch hohen Eiweiß- und geringen Fettgehalt sehr gut als Futter für die meisten Fische geeignet.
● **Rote Mückenlarven:** Larven der nicht stechenden Zuckmücken; leben im Bodengrund vieler Gewässer. Für zahlreiche Fischarten recht gut geeignet.
● **Weiße Mückenlarven:** Larven der nicht stechenden Glasmücken. Werden zwar gern gefressen, sind aber schwer verdaulich. Für kleinere Fischarten sollte man sie in »mundgerechte« Stücke zerschneiden.
● **Regenwürmer:** vor allem für große Cichliden sehr gut geeignet. Die Würmer zur besseren Verdauung in Stücke schneiden.
● **Anflugnahrung:** Manche Fischarten fressen Insekten, die auf die Wasseroberfläche fallen. Angenommen werden vor allem kleine Fruchtfliegen, Stubenfliegen und manchmal auch Mücken. Fruchtfliegen lassen sich sehr leicht in Gläsern nachzüchten, in die man einen Kleks Bananenbrei gibt (es muss vorher offen stehen, damit die Fliegen dort ihre Eier ablegen).

Weiße Mückenlarven

Regenwürmer

Anflugnahrung

Frostfutter

ACHTUNG
Als vegetarische Kost können auch handelsüblich abgepackte Lebensmittel dienen (Spinat, Erbsen). Achten Sie aber darauf, dass diese Produkte keine Beilagen oder Zuschlagstoffe (zum Beispiel Gewürze, Konservierungsmittel) enthalten.

Tiefgefrostetes Naturfutter stellt eine sehr gute Alternative zum Lebendfutter dar. Bei zügiger Frostung bleiben fast alle Nährstoffe und Vitamine weitestgehend erhalten. Ein besonderer Vorteil ist es, dass durch die niedrigen Temperaturen auch die Krankheitserreger abgetötet werden. Der Fachhandel hat zumeist eine umfangreiche Auswahl an gefrostetem Futter vorrätig.

Man sollte aber auch bei Frostfutter immer nur so viel geben wie die Fische in kurzer Zeit aufnehmen können. Es lässt sich leicht portionieren, wenn die Stücke mit Sollbruchstellen wie bei einer Tafel Schokolade versehen sind. Die jeweilige Portion kann im gefrorenen Zustand in das Aquarium gegeben werden. Dann tauen die Nahrungspartikel langsam von dem Futterstück ab und werden von den Fischen sofort gefressen. Erkältungen der Fische sind dabei nicht zu befürchten. Die Futterportionen nicht zu groß wählen, da unbeachtete Reste das Wasser belasten können.

Da Frostfutter relativ lange haltbar ist, sollte man einen kleinen Vorrat in der Gefriertruhe einlagern. Auf die richtige Lagertemperatur und das Verfallsdatum ist dabei unbedingt zu achten.

TIPP
Stellen Sie einen wöchentlichen Futterplan auf, in dem vermerkt ist, was, wann und wie viel gefüttert wird. Falls Sie kleinere Kinder haben, sollte darin auch festgelegt sein, wer füttern darf.

Pflanzliches Futter

Es wird oft übersehen, dass einige Fischarten hin und wieder auch pflanzliche Nahrung brauchen. Sogar räuberisch lebende Arten mögen es mitunter, wenn man ihnen in bestimmten Abständen »Grünfutter« anbietet. Die Pflanzen enthalten häufig lebenswichtige Stoffe, die für eine ungestörte Entwicklung der Fische unverzichtbar sind. In der Regel entfalten sie ihre Wirkung bereits in geringsten Spuren.

Ein Zeichen für den Appetit der Fische auf pflanzliche Kost kann es sein, wenn sie dauernd an Algen herumzupfen oder sich sogar an den Pflanzen des Aquariums vergreifen. Zunächst sollte man ihnen probeweise mehrere Arten pflanzlicher Nahrung anbieten und beobachten, welches Futter sie bevorzugen.

Wird das Futter nicht angenommen, muss es wieder aus dem Aquarium entfernt werden, damit es das Wasser nicht

verunreinigt. Zu beachten ist, dass manche Fischarten (Welse!) oft erst bei Dunkelheit an das Futter gehen.
Als vegetarisches Futter für Fische eignen sich vor allem:
- zarte Salatblätter: gut abwaschen und kurz mit kochendem Wasser übergießen. Zur Fütterung am Beckengrund befestigen (am besten mit Gummiband an einem Stein)
- grüne Erbsen (möglichst ohne Hülse): 2 bis 3 Erbsen leicht ankochen, quetschen und ins Aquarium legen
- gefrosteter Spinat: einen kleinen Brocken Frostspinat ablösen und ins Becken legen. Nicht gefressenen Spinat auf jeden Fall entfernen!

Wichtig
Die Fütterung trägt maßgeblich zur Wasserbelastung bei. Bei Verfütterung von stark wasserhaltigem Frost- oder Lebendfutter für ausreichende Filterung sorgen.

Wie oft und wie viel muss man füttern?

Häufiges und zu reichliches Füttern ist ein verbreiteter Fehler. In der Natur erhalten Fische nur selten so üppiges Futter wie im Aquarium. Füttern Sie deshalb immer nur so viel wie in kurzer Zeit (etwa 3 bis 4 Minuten) aufgenommen wird. Normalerweise reichen zwei bis vier Fütterungen mit entsprechend kleinen Portionen am Tag aus, um den Bedarf der Tiere zu decken.

Jungtiere müssen ihr Futter in kleineren Mengen und dafür öfter erhalten (etwa 6- bis 8-mal/Tag).

Bei solcher Fütterung bleiben die Fische vital und behalten ihren Appetit. »Gemästete« Tiere sind hingegen träge, krankheitsanfällig und sterben meist vorzeitig. Richtig ernährt können Fische auch längere Fastenzeiten meist ohne Probleme ertragen.

TIPP
Machen Sie ruhig mal Pause bei der Fütterung. 1 Fastentag pro Woche schadet den Fischen nicht und fördert oft sogar ihre Vitalität.

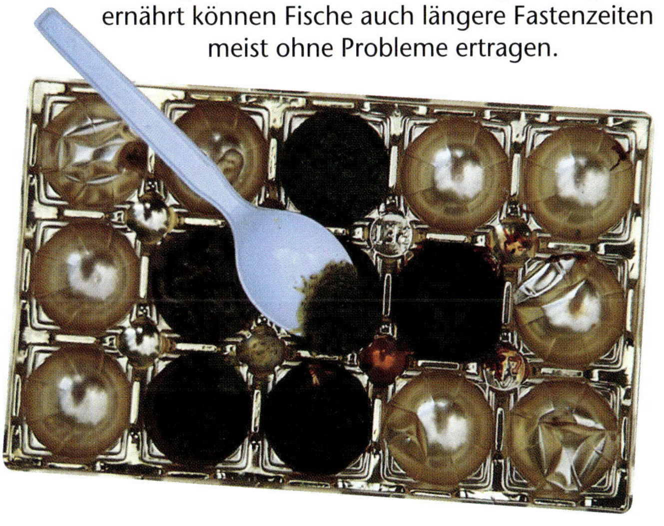

Wenn in der Hochsaison viel Lebendfutter zur Verfügung steht, kann man sich einen kleinen Vorrat anlegen und in der Kühltruhe einfrosten.

Das Wasser ist die Welt der Fische

Die meisten Menschen können zwar auch schwimmen und ein wenig tauchen, aber sie können nicht ständig unter Wasser leben. Die Fische verbringen hingegen ihr ganzes Leben im Wasser und fühlen sich dabei pudelwohl. Ihr Körper taugt nämlich viel besser für das Leben im Wasser als unserer. Wenn wir zum Beispiel zu lange in der Badewanne sitzen, wird unsere Haut faltig und schrumplig. Außerdem können wir unter Wasser nicht atmen. Und während wir mühselig umherpaddeln und dabei schnell müde werden, gleiten die Fische den ganzen Tag lang mühelos durch das Wasser.

Wie viele verschiedene Fischarten gibt es überhaupt?

Viele Tausend. Manche von ihnen sind nur wenige Zentimeter groß, andere bringen es auf mehr als 10 m Länge. Viele Fischarten leben im Meer, sie brauchen salziges Wasser zum Leben. Aber auch in den Flüssen und Seen, deren gereinigtes Wasser wir trinken können, gibt es sehr viele Fische.

Wenn man einen Fisch aus dem Meer in einen Fluß setzen würde, müsste er sterben, weil ihm dort das Salz fehlt. Umgekehrt wäre es genauso: der Flußfisch verträgt nämlich das salzige Meerwasser nicht. Darum darf man immer nur solche Fische in das Aquarium setzen, die das Wasser auch vertragen.

Manche Fische sind ganz platt und liegen stundenlang regungslos auf dem Meeresboden, andere sind kugelrund oder ähneln kleinen Schlangen und bewegen sich auch so. Die meisten Fische sehen aber so aus wie die Tiere im Aquarium. Diese Körperform ist besonders günstig, weil die Fische so am besten schwimmen können.

Besonders schön sind die vielen bunten Farben der Fische. Manche können sogar ihre Färbung verändern, wenn sie sich freuen oder sich ärgern. Versuche doch einfach, die Fische aus dem Aquarium zu malen. Dann haben Mutti und Vati noch ein zweites Aquarium, das sie sich sogar an die Wand hängen können.

Warum leben Fische so gut im Wasser?

Fische können im Wasser atmen

Sieh dir einmal einen Fisch genau an: Auf beiden Seiten des Kopfes bewegen sich ständig zwei kleine Plättchen. Sie heißen Kiemendeckel. Mit den Kiemen kann der Fisch im Wasser atmen. Wenn er die Kiemendeckel bewegt, saugt er neues Wasser an, genauso, als ob wir tief Luft holen.

Fische können sich im Wasser bewegen

Du hast natürlich schon längst bemerkt, dass Fische keine Arme und Beine haben. Trotzdem kommen sie sehr schnell vorwärts. Wenn sie ihre Flossen bewegen, können sie sich im Wasser abstoßen. Die Flossen sind sozusagen ihre Arme und Beine. Wenn die Fische wieder anhalten wollen, spreizen sie die Flossen weit ab, um abzubremsen. Wie viele Flossen haben die Fische in deinem Aquarium? Ist die Anzahl der Flossen bei allen Fischen gleich und wo sitzen sie am Körper?

Er schläft sogar im Wasser

Der Fisch hat keine Augenlider und kann deshalb seine Augen nicht schließen. Sogar wenn er schläft, sind die Augen geöffnet. Das macht ihm aber nichts aus, denn daran sind Fische gewöhnt. Trotzdem braucht der Fisch jeden Tag einige Stunden Ruhe, damit er sich erholen kann. Wenn das Licht im Aquarium ausgeht, darf man ihn nicht mehr stören.

Wenn du von einem Spielzeug genug hast, suchst du dir ein neues. Den Fischen ist aber nie langweilig im Aquarium. Sie schwimmen umher und haben immer irgend etwas zu tun. Mal zupfen sie an einem Pflanzenstängel, mal jagen sie sich gegenseitig oder sie durchsuchen das Aquarium, ob nicht in einer Ecke etwas Fressbares herumliegt. Darum brauchen Fische kein Spielzeug.

Was du im Umgang mit dem Aquarium beachten musst

Das Aquarium ist aus Glas hergestellt, damit man die Fische gut sehen kann. Wenn du ein Glas auf dem Frühstückstisch umstößt, kann es kaputt gehen. Genauso ist es beim Aquarium. Deshalb darf man nie gegen die Scheiben stoßen oder schlagen. Sie könnten zerbrechen und das Wasser aus dem Aquarium würde ins Zimmer laufen. Dann müssen die Fische sterben, weil sie auf dem Trockenen liegen.

Das Aquarium muss man immer sehr vorsichtig behandeln!

- Das Wasser aus dem Aquarium wird ständig durch einen Filter gepumpt. Er reinigt das Wasser, sodass es wieder schön klar und sauber wird. Fische brauchen sauberes Wasser, damit sie sich wohl fühlen. Oder möchtest du in einer schmutzigen Wohnung leben, in der ganz schlechte Luft ist, weil niemals Staub gesaugt wird und die Fenster und Türen niemals zum Lüften geöffnet werden?

- Schau dir den Filter einmal genau an, wenn er gereinigt wird. Der ganze Schmutz darin stammt aus dem Wasser des Aquariums! Wie würde das Wasser wohl aussehen, wenn der Filter nicht da wäre?

- Wenn du vor dem Aquarium herumtobst, können die Fische sich sehr erschrecken und Angst bekommen. Sie versuchen dann schnell wegzuschwimmen und stoßen dabei manchmal so stark an die Scheiben, dass sie sich verletzen. Ängstliche Tiere können sogar aus dem Becken herausspringen. Wenn du herumtollen möchtest, solltest du darum besser auf den Spielplatz gehen.

Wie die Fische im Aquarium leben

Ein Aquarium ist doch wirklich toll. Du kannst sehen und miterleben, was die Fische so treiben, ohne dich im Wasser nass zu machen.

- Die Fische in deinem Aquarium haben verschiedene Färbungen und Körperformen. Kannst du sie unterscheiden oder kennst du vielleicht sogar schon ihre Namen?

- Versuche doch einmal herauszubekommen, wo sich die einzelnen Fische am liebsten aufhalten. Das dauert aber eine Weile! Dazu setzt du dich am besten ruhig vor das Aquarium. Such dir einen bestimmten Fisch aus und beobachte ihn eine Weile. Hat er einen Lieblingsplatz, an den er immer wieder zurückkehrt?

- Einige Fische verstecken sich gern in Höhlen oder Steinspalten, andere bleiben lieber zwischen den Pflanzen. Die meisten von ihnen schwimmen jedoch einfach im Wasser herum. Wenn das Aquarium neu eingerichtet wird, musst du dafür sorgen, dass jeder Fisch seine Lieblingsplätze vorfindet.

- Manche Fische mögen es, wenn sie mit ihren Artgenossen eine Gruppe bilden können. Man nennt das einen Schwarm. Andere Fische leben lieber allein. Du musst nicht traurig sein, weil es so aussieht, als ob er einsam ist. Wenn du ihm einen Gefährten ins Aquarium setzt, würde er ihn wahrscheinlich verjagen.

- Hast du schon mal beobachtet, wie die Fische schwimmen? Bewegen sie nur die Flossen oder den ganzen Körper? Können Fische auch rückwärts schwimmen? Bewegen sie sich gleichmäßig oder »hüpfen« sie eher durch das Wasser? Welcher Fisch ist der schnellste in deinem Aquarium?

Was du beim Füttern der Fische beachten musst

Auch Fische mögen gutes und abwechslungsreiches Futter. Oder würdest du gern jeden Tag das gleiche essen? Man darf ihnen aber nicht zu viel Futter auf einmal geben, weil sie sonst schnell fett und träge werden.

- Am besten nimmst du einen Behälter, in den genau so viel Futter hineinpasst, wie die Fische brauchen. Vielleicht ist dafür ein kleiner Löffel, der Deckel von einer alten Flasche oder eine flache Schale gerade richtig. Natürlich musst du den Behälter gründlich säubern, damit das Fischfutter nicht verunreinigt wird. Mit diesem Maß erhalten die Fische immer die gleiche Futtermenge und können sich nicht überfressen.

- Wenn du einen Kalender neben das Aquarium hängst, kann jeder, wenn er die Fische gefüttert hat, an dem betreffenden Tag ein Kreuz machen. Dann wissen die anderen Familienmitglieder, dass die Fische schon etwas bekommen haben, und füttern nicht doppelt.

- Wenn du die Fische immer an der selben Stelle im Aquarium fütterst, kommen sie bald von selbst dorthin, sobald du dich dem Becken näherst. Sie wissen dann schon, dass es gleich etwas Leckeres gibt! Viele Fische machen das aber auch, wenn noch gar keine Fütterungszeit ist. Lass dich davon nicht beeindrucken. Sie dürfen erst dann wieder gefüttert werden, wenn ihre Zeit wirklich da ist.

- Achte stets darauf, dass wirklich alle Fische vom Futter etwas abbekommen! Kleinere und schwächere Tiere werden nämlich manchmal durch die größeren von der Futterstelle verjagt.

Ein grüner Garten unter Wasser

Welches Aquarium gefällt dir besser?

Dieses hier:

Oder doch dieses:

Die Pflanzen im Aquarium sehen genauso grün aus wie die Pflanzen auf der Wiese, im Wald oder auf Muttis Blumenbank. Sie brauchen viel Licht, damit sie wachsen können.

Wasserpflanzen haben einen riesengroßen Vorteil: man braucht sie nicht zu gießen! Ist doch klasse, oder?

Die Bäume im Wald können aufrecht stehen, weil ihr Stamm aus festem Holz ist. Wenn du die Wasserpflanzen aus dem Aquarium nimmst, fallen sie zusammen, weil ihre Stiele sehr weich sind. Die Blätter der Wasserpflanzen sind ganz leicht, darum können sie im Wasser schweben wie ein Luftballon in der Luft.

Die Pflanzen im Aquarium sehen gut aus und sind wichtig für die Fische. Sie können sich zum Beispiel dazwischen verstecken. Außerdem entfernen die Pflanzen viele unsichtbare Stoffe aus dem Wasser, die für die Fische schädlich sind.

Serviceseiten

Wichtige Adressen

DEUTSCHLAND
Verband Deutscher Vereine für Aquarien- und Terrarienkunde (VDA) e. V.
Collonaden 70
20354 Hamburg
Tel. 040/346468
Fax 040/354217
Geschäftsstelle
Luxemburger Str. 16
44789 Bochum
Tel. 0234/381650
Fax 0234/382590

Arbeitskreis Wasserpflanzen im VDA
Flachsbleiche 70
41564 Kaarst
Tel. 02131/6806364

VDA-Arbeitskreis Barben, Salmler, Schmerlen, Welse (BSSW)
Lindenwiese 5
98544 Zella-Mehlis
Tel.: 03682/482557

Deutsche Cichliden-Gesellschaft (DCG) e. V.
Parkstraße 21 a
33719 Bielefeld
Tel./Fax 0521/3369958

Deutsche Killifisch-Gemeinschaft (DKG)
Kolpingplatz 55
44805 Bochum
Tel. 0234/8908643

Deutsche Gesellschaft für Lebendgebärende Zahnkarpfen (DGLZ)
Langhausstraße 96
13086 Berlin 116
Tel. 030/9263116

Internationale Gemeinschaft für Labyrinthfische (IGL)
Am Haidesand 11
96146 Altendorf
Tel. 09545/7987

ÖSTERREICH
Österreichische Guppy-Gesellschaft (ÖGG)
Rennbahnweg 27/12/16
A-1222 Wien
Tel. 01/2599059

SCHWEIZ
Aquariumverein Danio Zürich
Rigistr. 22
CH-8185 Winkel-Rüti
Tel. 01860/3517

Literaturhinweise

Baensch, Hans A./Riehl, Rüdiger: Aquarien Atlas, Bände 1–5, Mergus-Verlag 1985–1997

Bremer, Heinz: Aquarienfische gesund ernähren, Ulmer 1997

Evers, Hans-Georg: Panzerwelse, Ulmer 1994

Gärtner Gerhard: Zahnkarpfen, Ulmer 1981

Kasselmann, Christel: Aquarienpflanzen, Ulmer 1995

Kempkes, Michael: Der Guppy, Ulmer 1996

Kokoscha, Michael: Labyrinthfische, Ulmer 1998

Pinter, Helmut: Salmler, Ulmer 1988

Pinter, Helmut: Handbuch der Aquarienfischzucht, Ulmer 1996

Reichenbach-Klinke, Heinz-Hermann/Körting, Wolfgang: Krankheiten der Aquarienfische, Ulmer 1993

Sander, Martin: Aquarientechnik, Ulmer 1996

Schaefer, Claus: Welse, Ulmer 1998

Schaefer, Claus: Buntbarsche, Ulmer 1998

Stallknecht, Helmut: Aquarienfische, Ulmer 1997

Steinle, Christian P.: Barben und Bärblinge, Ulmer 1998

Zeitschriften für den Aquarianer

DATZ – Aquarien Terrarien
Organ des Verbandes Deutscher Vereine für Aquarien- und Terrarienkunde (VDA) e.V.
Ulmer Verlag, Stuttgart

Das Aquarium
Schmettkamp Verlag, Bornheim

TI–Magazin
Tetra Verlag, Bissendorf-Wulften

Aquarium live
bede-Verlag, Ruhmannsfelden

Dieses Buch wurde auf chlorfrei gebleichtem und säurefreiem Papier gedruckt.

Der Text dieses Buches entspricht den Regeln der neuen deutschen Rechtschreibung.

ISBN 3 8068 2553 X

TITELBILD: B. Kahl, Sparneck
UMSCHLAGRÜCKSEITE: Burkard Kahl, Sparneck (oben u. Mitte); Reinhard-Tierfoto, Heiligkreuzsteinach-Eiterbach (unten)
FOTOS: Bildagentur ipo, Linsengericht-Altenhaßlau: S. 35, 71, 93, 114 u., 117; Bio-Media Dieter Untergasser, Michelstadt: S. 6, 77; EHEIM über avw gmbh Werbeagentur, Herrenberg: S. 9, 28, 61, FALKEN Archiv/ Rink-Kleeberg Fotostudio: S. 20; Burkard Kahl, Sparneck: S. U2/1, 8, 17, 24, 25, 41, 42, 49 u., 51–59, 62, 65, 69, 79, 84 o. und u., 85, 86 Mitte und u., 87, 95, 98, 100 o., 101 o., 111, 113, 115 o. und u.; JUWEL® Aquarium GmbH & Co.KG, Rotenburg (Wümme): S. 11, 12, 19, Photo Archiv Dr. A. Peither, München: S. 4/4, 21, 37, 46/47, 49 o., 73, 75, 83, 86 o., 96 o., 99, 103, 114 o. und Mitte; Reinhard-Tierphoto, Heiligkreuzsteinach-Eiterbach: S. 2/3, 7, 16, 33 o.re., 39, 45, 80/81, 84 Mitte, 94, 96 u., 97, 100 u., 101 Mitte und u., 102, 115 Mitte; Silvestris Fotoservice, Kastl/ A.N.T.: S. 33 o.li, Beck: S. 16, G. Pablo: S. 27, Strein: S. 33 u.li., U. Walz: S. 33 u.re., Wendler: S. 30/31, Dieter Vogt, Schorndorf: S. 90/91, 92
ZEICHNUNGEN: Manfred Lindner, Mainz; Eva Wagendristel, Berlin (Kinder Spezial)

DRUCK: Appl, Wemding

817 2635 4453 6271

Register

Pflegefehler –

und die richtige Lösung

Probleme mit dem Aquarium

- Fische passen nicht zur Größe oder Form des Aquariums, Becken zum Beispiel zu klein, Schwimmraum fehlt.

Wählen Sie Ihre Fische entsprechend der Größe und Einrichtung des Aquariums aus oder verändern Sie die Einrichtung

- Falscher Standort, zu sonnig, zu warm, zu unruhig – erkennbar an großen Schwankungen der Temperatur im Verlaufe des Tages, starke Algenentwicklung, Fische sind auffallend unruhig und hektisch.

Veränderung des Standortes; am besten stellen Sie das Becken in eine ruhige und dunkle Ecke des Zimmers. Dort lassen sich die Lichtverhältnisse unabhängig vom Tageslicht regulieren.

- Fische springen aus dem Becken.

Wasserwerte überprüfen und falls notwendig auf die Fische abstimmen; Abdeckung des Beckens verbessern.

Nicht richtig funktionierende Technik

- Wasser zu warm oder zu kalt, Pflanzen kümmern oder Algen wuchern

Beleuchtung überprüfen, Beleuchtungsdauer verlängern oder verkürzen; bei unzureichender Lichtleistung Lampe austauschen.

- Wasser stark eingetrübt oder sichtlich verschmutzt

Filterleistung besser auf Beckengröße abstimmen; Durchsatz erhöhen oder größeren Filter beschaffen.

- Kahmhaut bildet sich auf dem Wasser

Wasserumwälzung verbessern.

Unstimmigkeiten bei Wasserwerten

- Wasserparameter weichen von den Optimalwerten der Fische ab (messen und mit den angegebenen Werten in der Literatur vergleichen).

Wasserwerte entsprechend einstellen. Einrichtung prüfen, ob vielleicht Substanzen an das Wasser abgegeben werden. Als Soforthilfe Teilwasserwechsel.